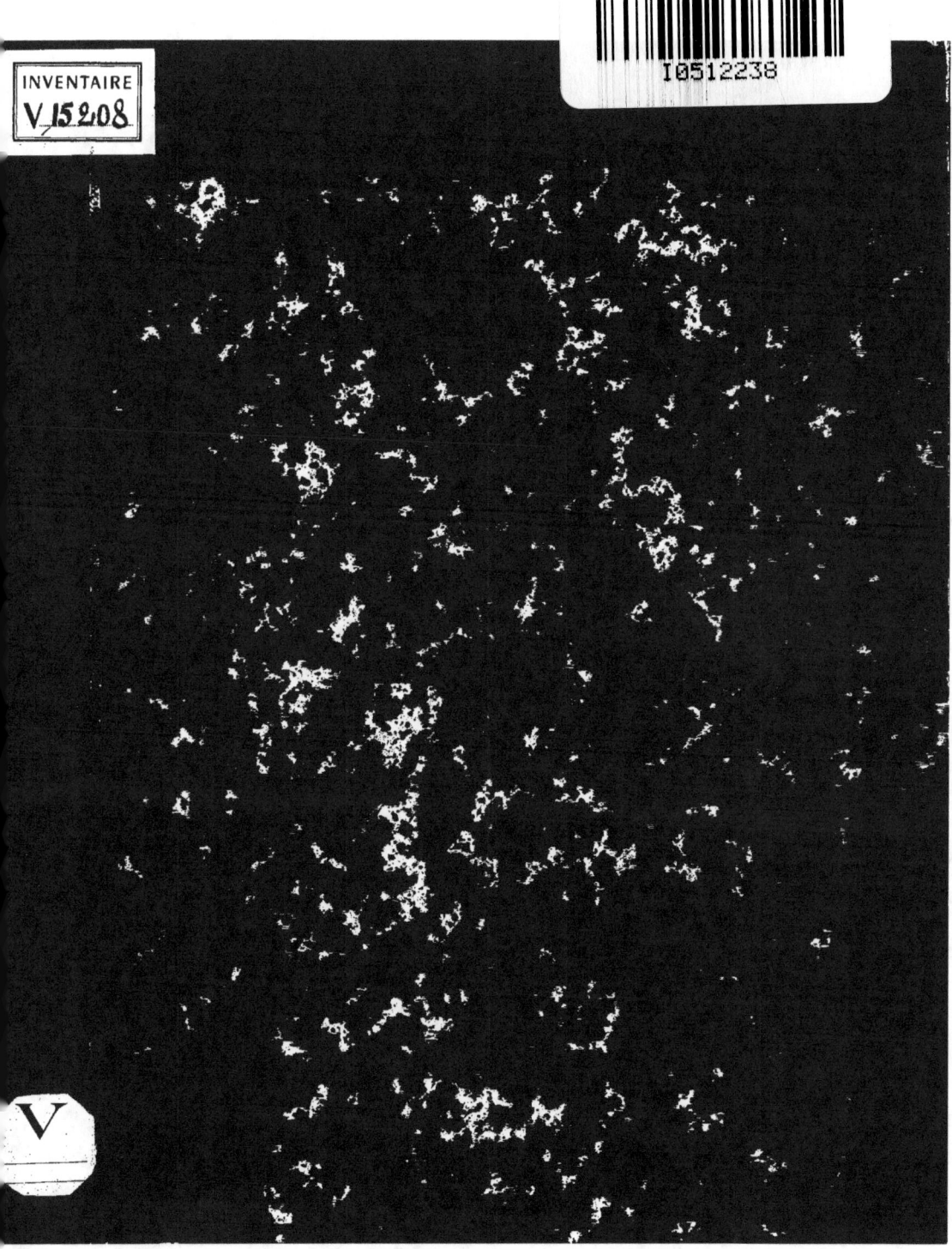

INSTITUT IMPÉRIAL DE FRANCE.

ACADÉMIE DES SCIENCES.

COMMISSION
DE L'OBSERVATOIRE.

PROCÈS-VERBAUX DES SÉANCES,

RAPPORT A L'ACADÉMIE ET PIÈCES ANNEXÉES.

1868-1869

TABLE DES MATIÈRES.

	Pages.
Lettre de M. le Ministre de l'Instruction publique............................	5
Avis de la Commission instituée en exécution du Décret du 30 janvier 1854.........	7
Constitution de la Commission de l'Observatoire.................................	9

PROCÈS-VERBAUX DES SÉANCES DE LA COMMISSION DE L'OBSERVATOIRE.

Séance du 11 juin 1868..	11
Séance du 13 juin 1868..	13
Séance du 20 juin 1868..	20
Séance du 27 juin 1868..	25
Séance du 11 juillet 1868...	36
Lettre de M. le Ministre de l'Instruction publique...........................	37
Deuxième Lettre de M. le Ministre de l'Instruction publique..................	38
Séance du 7 novembre 1868...	39
Séance du 22 décembre 1868..	41
Séance du 5 janvier 1869..	48
Séance du 23 janvier 1869...	56
Rapport de la Commission a l'Académie.......................................	57

PIÈCES ANNEXÉES.

	Nos.
Déclaration de M. Lœwy (*séance du 13 juin 1868*)............................	1
Déclaration de M. Wolf (*séance du 13 juin 1868*)............................	2
Déclaration de M. Marié-Davy (*séance du 13 juin 1868*)......................	3
Note de M. E. Laugier (*séance du 20 juin 1868*).............................	4

(4)

	N°.
Opinion de M. Faye (*séance du 20 juin* 1868)....................................	5
Réponse à la Note de M. Faye, par M. Delaunay (*séance du 27 juin* 1868)..........	6
Discussion de l'opinion exprimée par M. Faye dans la séance du 20 juin 1868, par M. Yvon Villarceau (*séance du 27 juin* 1868).....................................	7
Réponse de M. Faye à la Note de M. Yvon Villarceau (*séance du 27 juin* 1868)......	8
Opinion de M. Becquerel sur la translation de l'Observatoire hors de Paris (*séance du 27 juin* 1868)...	9
Note de M. Lœwy sur les Observatoires étrangers (*séance du 11 juillet* 1868).......	10
Note de M. Wolf sur le même sujet (*séance du 11 juillet* 1868)...................	11
De la nécessité de transporter l'Observatoire impérial hors de Paris, par M. Yvon Villarceau (*séance du 23 janvier* 1869)[1]...	12
De la nécessité de joindre une succursale à l'Observatoire impérial, par M. Yvon Villarceau (*séance du 23 janvier* 1869)..	13

[1] Les pièces n°s 12 et 13 n'ont pas été réimprimées. Présentées par leur auteur à l'Académie dans les séances des 23 et 30 décembre 1867, elles ont été insérées *in extenso* dans les *Comptes rendus des séances*, t. LXV, p. 1060 et 1110.

Lettre de M. le Ministre de l'Instruction publique.

A Monsieur DELAUNAY, Président de l'Académie des Sciences.

Paris, le 17 avril 1868.

Monsieur le Président,

La Commission qui a été chargée récemment, en vertu du Décret du 30 janvier 1854, de me rendre compte de la situation scientifique et des besoins de l'Observatoire impérial de Paris, a appelé l'attention du Gouvernement sur la question de la translation de l'Observatoire, et ses conclusions, dont je vous adresse une copie ci-jointe, tendent à faire considérer cette translation comme nécessaire aux progrès de la science astronomique en France.

J'ai pensé qu'une question si délicate et si importante, dont l'Académie des Sciences s'est elle-même préoccupée dans ses dernières séances, ne saurait être étudiée avec plus de lumière et d'autorité que par le corps illustre qui a présidé jadis aux origines de ce grand établissement. Je vous serai donc obligé de vouloir bien inviter l'Académie à examiner :

1° Si l'Observatoire impérial peut rester où il se trouve sans détriment pour les observations astronomiques;

2° Si, dans l'intérêt de la science, il vaudrait mieux le transférer, comme il a été fait en Angleterre et en Russie, hors de la capitale, en un lieu où on aurait pour les instruments un sol plus stable, pour les observations une atmosphère plus calme et moins brumeuse, un ciel sur lequel ne seraient pas projetées des lueurs gênantes, ainsi qu'il arrive à Paris par l'éclairage nocturne des grandes voies;

3° S'il ne faudrait pas préférer un système mixte qui permettrait de conserver ce monument de Louis XIV, auquel se rattachent de glorieux souvenirs.

Les Sciences Naturelles ont leur musée au Jardin des Plantes; les Sciences Historiques à la Bibliothèque impériale et au Louvre; les Sciences Militaires au Musée d'Artillerie et à l'Hôtel des Invalides, etc. : la Science Astronomique pourrait avoir le sien dans l'édifice actuel, où seraient réunis les cartes du ciel et les photographies des astres, les globes, les instruments, la Bibliothèque, etc.

Les travaux de théorie, certaines observations du ciel, des études de Géodésie, des expériences de Physique, la construction des cartes pourraient s'y faire.

L'Administration y résiderait; le nouveau Conseil, le Bureau des Longitudes, y tiendraient leurs séances; et des cours ou conférences d'Astronomie, de Mécanique céleste et de Physique générale y auraient lieu.

Dans ce cas, l'Observatoire n'aurait plus besoin de s'isoler avec tant de soin des constructions qui l'enveloppent par de vastes cours et jardins. Une partie de ces jardins, qui ne suffisent plus d'ailleurs à le protéger, serait aliénée le long des rues voisines et fournirait les ressources nécessaires à la création immédiate d'un observatoire d'Astronomie expérimentale.

Si l'Académie pensait que l'Observatoire impérial dût être en totalité ou en partie transféré hors Paris, je serais heureux que la savante Compagnie voulût bien étudier les conditions que le nouvel Observatoire devrait remplir pour répondre à tous les besoins de la science.

Dans le cas contraire, celui du maintien sur place, il y aurait encore à examiner des questions délicates et nombreuses pour assurer au service, dans l'ancien Observatoire, les garanties les plus complètes de bonne et facile exécution.

C'est une œuvre difficile que je demande à l'Académie, mais je compte sur son dévouement à la science pour aider le Gouvernement à conserver et à accroître encore la renommée d'un établissement national et une gloire toute française.

Agréez, Monsieur le Président, l'assurance de ma considération la plus distinguée.

Le Ministre de l'Instruction publique,

V. DURUY.

Avis de la Commission instituée en exécution du Décret du 30 janvier 1854.

(COMMUNIQUÉ A L'ACADÉMIE PAR S. EXC. LE MINISTRE DE L'INSTRUCTION PUBLIQUE.)

Un inconvénient grave découle de la situation même de l'Observatoire de Paris. Le Rapporteur de 1854 en signalait la gravité dans les termes que je crois bon de rappeler ici :

« La situation de l'Observatoire, au sein de la capitale, dans une atmosphère viciée et sur un sol agité, est un inconvénient auquel échappent et l'observatoire de Greenwich et celui de Saint-Pétersbourg depuis qu'on l'a rebâti, il y a quinze ans, à quatre lieues de cette dernière ville. Les trépidations du sol sont incompatibles avec l'emploi d'instruments dont la première condition est la stabilité, et le funeste effet de ces ébranlements extérieurs se fait d'autant plus sentir qu'on amplifie davantage le pouvoir grossissant des instruments et qu'on les place sur des constructions plus élevées.

» Si la Commission ne demande pas la translation de l'Observatoire, c'est qu'elle espère que les inconvénients signalés pourront être atténués ou détruits par quelques dispositions bien conçues, prises soit à l'intérieur même de l'établissement, soit dans le voisinage de son périmètre, où il sera nécessaire de macadamiser les rues. Toutefois, comme rien ne saurait remédier au défaut de transparence de l'atmosphère, elle fait remarquer que l'abandon du grand bâtiment central, si improprement appelé l'Observatoire, ne causerait aucun regret aux amis de l'Astronomie. L'imagination du public a beau y voir le sanctuaire de cette science, la vérité est qu'on n'y a jamais fait d'observations suivies. Cette masse monumentale est même si complétement impropre à un tel office, que son seul emploi a consisté jusqu'ici à servir d'habitation aux astronomes, et Dieu sait comment on est parvenu à pratiquer quelques logements incommodes et insuffisants dans ce donjon dont les épaisses murailles ne se prêtent pas plus aux exigences de la vie domestique qu'à l'installation des instruments de précision... »

Après de telles observations, le Rapporteur aurait sans doute conclu à la nécessité du déplacement de l'Observatoire, s'il n'avait pas eu l'espérance que le mal pourrait être tout au moins atténué par *quelques dispositoins bien conçues, prises soit à l'intérieur de l'Établissement, soit dans le voisinage de son périmètre*. Cette espérance a été complétement déçue; le mal n'a fait que s'aggraver, au contraire, depuis quatorze ans, par l'extension progressive de la population parisienne vers la partie sud de la ville.

« ... Aussi la Commission ne croit pas qu'il y ait lieu d'ajourner plus longtemps l'adoption d'une mesure radicale. Si l'on ne veut pas que la France soit devancée par les autres nations dans les sciences astronomiques, il est nécessaire de remplacer l'Observatoire actuel par un Observatoire nouveau, remplissant toutes les conditions que doit offrir, dans l'état actuel de la science, un établissement de premier ordre. L'emplacement devra en être cherché sur une des collines des environs de Paris, assez loin de la ville pour n'avoir pas à craindre d'y retrouver en partie les inconvénients qu'on veut éviter; assez près, cependant, pour que son personnel scientifique puisse jouir des nombreux avantages offerts par un centre intellectuel tel que la capitale de la France.

» ... La construction du nouvel Observatoire, qui devra nécessairement comprendre des logements convenables pour tous les astronomes, occasionnera sans doute une dépense considérable, à laquelle s'ajoutera celle d'un établissement destiné à recevoir le personnel du Bureau des Longitudes, qui siége en ce moment à l'Observatoire impérial, et d'un petit observatoire affecté aux recherches particulières des Membres de ce corps savant. La Commission pense que, si l'on se décidait à abandonner les terrains de l'Observatoire actuel, on trouverait, en les aliénant, une somme plus que suffisante pour couvrir les frais occasionnés par les diverses constructions dont je viens de parler.

» Ainsi, en adoptant les propositions de la Commission, le Gouvernement doterait la France d'un établissement de premier ordre, supérieur à tout ce qui existe dans les autres pays, et cela sans dépense pour l'État.

» Si ces propositions sont acceptées, il faudra qu'une répartition du matériel soit faite entre le Bureau des Longitudes et l'Observatoire. La Commission pense qu'il conviendra d'en charger les Membres de ce Bureau, en ce qui concerne les règles géodésiques, toises, mètre, étalon du kilogramme, etc., les Archives et la Bibliothèque telle qu'elle existait avant 1854.

» ... Ce n'est pas sans regret, Monsieur le Ministre, que la Commission émet l'avis d'abandonner le monument élevé à l'Astronomie par Louis XIV. Elle voudrait qu'on pût le conserver en l'utilisant d'une autre manière; en le réservant, par exemple, pour les grandes expériences de Physique auxquelles il a déjà servi plusieurs fois. Mais elle n'hésite pas à en proposer l'abandon, si c'est là le seul moyen d'arriver à l'exécution des projets qu'elle vient d'indiquer. Dans ce cas, il serait de toute nécessité, pour les besoins de la science, de conserver, par quelque monument durable, la trace exacte de l'emplacement occupé pendant deux cents ans par cet Observatoire. »

INSTITUT IMPÉRIAL DE FRANCE.

ACADÉMIE DES SCIENCES.

CONSTITUTION

DE LA

COMMISSION DE L'OBSERVATOIRE.

L'Académie a décidé, dans le Comité secret de la séance du 1er juin 1868, que l'examen des questions posées par S. Exc. le Ministre de l'Instruction publique serait confié à une Commission composée des six Membres de sa Section d'Astronomie et de cinq autres Membres nommés au scrutin et librement choisis dans son sein.

Extrait du procès-verbal de la séance du lundi 8 juin 1868.

L'Académie procède, par la voie du scrutin, à la nomination des cinq Membres qui devront s'adjoindre à la Section d'Astronomie, pour composer la Commission chargée d'examiner la question de la translation de l'Observatoire impérial de Paris.

MM. Élie de Beaumont, Yvon Villarceau, Serret, Dumas, Becquerel père obtiennent la majorité des suffrages.

Composition de la Commission.

En conséquence, la Commission est composée de MM. Mathieu, Liouville, Laugier, Le Verrier, Faye, Delaunay, Élie de Beaumont, Yvon Villarceau, Serret, Dumas, Becquerel père.

PROCÈS-VERBAUX DES SÉANCES

DE LA

COMMISSION DE L'OBSERVATOIRE.

SÉANCE DU 11 JUIN 1868.

PRÉSIDENCE DE M. DELAUNAY.

La séance est ouverte à 3 heures.
Sont présents : *MM. Mathieu, Liouville, Laugier, Faye, Delaunay, Élie de Beaumont, Yvon Villarceau, Serret, Dumas, Becquerel.*

La Commission désigne **M. Serret** pour remplir les fonctions de Secrétaire.

M. Delaunay, Président de l'Académie, prend la Présidence.

M. le Président donne la lecture de la lettre du Ministre de l'Instruction publique, en date du 17 avril 1868, à l'examen de laquelle la Commission doit procéder, ainsi que de l'extrait annexé du Rapport de la Commission instituée en exécution du décret du 30 janvier 1854.

M. Delaunay ajoute que, suivant lui, il convient, avant tout, d'appeler dans le sein de la Commission les Astronomes de l'Observatoire, et de les inviter à faire connaître leur opinion sur les inconvénients que présente la situation actuelle de l'Observatoire, au point de vue des besoins de la science astronomique.

Après une courte discussion, la Commission décide que MM. Lœwy, Wolf, Marié-Davy, Astronomes titulaires, et M. Périgaud, Astronome adjoint, seront invités à se présenter devant elle dans sa prochaine séance.

Plusieurs Membres ayant invité M. Yvon Villarceau à faire connaître son opinion sur la question en discussion, celui-ci déclare qu'ayant cessé d'observer, depuis cinq ou six ans, à l'Observatoire impérial, il est moins en mesure que ne le sont ses Collègues de fournir à la Commission des renseignements complets. Il présente quelques considérations générales sur les meilleures conditions que les observateurs doivent rechercher avec soin. Quant aux inconvénients qu'offre l'Observatoire actuel, ils sont dus principalement à deux causes : les trépidations du sol et le mauvais état de l'atmosphère. M. Villarceau signale aussi l'illumination de l'atmosphère.

M. Dumas pense qu'il faut laisser de côté toutes les questions secondaires. « Peut-on, dit-il, déterminer la latitude à l'Observatoire ? Peut-on y observer le nadir ? S'il est constaté que ces observations fondamentales sont impossibles, il faut s'éloigner. »

M. Laugier dit que, dès 1854, on ne pouvait faire qu'à certaines heures les observations par réflexion. On pouvait quelquefois observer le nadir ; mais il fallait beaucoup de patience, et encore n'était-on pas bien certain de réussir.

M. Faye présente quelques observations sur ce qu'a dit M. Villarceau. Écartant les faits qui sont personnels à son Confrère, il revient sur les questions des vibrations du sol et de la distribution des couches d'air. M. Faye pense que le témoignage des Astronomes de l'Observatoire pourra être fort utile en ce qui concerne la première question ; mais il se demande si l'on peut admettre comme évident que le bain de mercure soit indispensable : on ne fait point usage du bain de mercure à l'Observatoire de Poulkowa.

M. Villarceau fait remarquer qu'il faut aujourd'hui trois fois plus d'observations qu'au temps de M. Laugier pour obtenir le même résultat.

M. Élie de Beaumont reconnaît que parmi les inconvénients signalés figure au premier rang l'impossibilité d'observer le nadir. Il demande s'il ne serait pas possible d'éviter cet inconvénient en rendant flottant le bain de mercure.

MM. Laugier et Villarceau répondent que de telles tentatives ont été faites sans succès.

M. Becquerel, relevant une opinion émise par M. Villarceau, dit que les difficultés résultant du mélange des couches d'air d'inégales densités se présentent à une distance assez considérable de Paris. Il se propose de revenir sur ce point.

La séance est levée à 6 heures et renvoyée au samedi 13 juin.

Ch. Delaunay.

J.-A. Serret.

SÉANCE DU 13 JUIN 1868.

PRÉSIDENCE DE M. DELAUNAY.

La séance est ouverte à 3 heures.

Sont présents : MM. *Mathieu, Liouville, Laugier, Le Verrier, Faye, Delaunay, Élie de Beaumont, Yvon Villarceau, Serret, Dumas, Becquerel.*

Le procès-verbal de la séance du 11 juin est lu et approuvé.

M. **Serret** annonce qu'il a reçu une lettre de M. Périgaud dans laquelle cet Astronome s'excuse de ne pouvoir, pour cause d'indisposition, se rendre à l'invitation de la Commission. Il ajoute que MM. Lœwy, Wolf et Marié-Davy, Astronomes titulaires de l'Observatoire, sont arrivés au palais de l'Institut, et qu'ils se tiennent à la disposition de l'Assemblée.

La Commission décide que ces Astronomes seront interrogés successivement et séparément.

M. Lœwy est introduit. M. le Président lui demande de s'expliquer sur les inconvénients que peut présenter l'Observatoire impérial, en raison de sa situation.

M. Lœwy déclare qu'il existe effectivement des inconvénients résultant, d'une part, des trépidations du sol, et, d'autre part, du mauvais état de l'atmosphère. Il signale l'impossibilité presque absolue d'observer le nadir et de faire les observations des étoiles par réflexion ; l'impossibilité d'exécuter les recherches astronomiques qui exigent une haute précision, telles que celles qui se rapportent aux parallaxes des étoiles et aux étoiles doubles.

M. **Delaunay** demande à M. Lœwy si les inconvénients qu'il a signalés n'auraient pas lieu également près de Paris.

M. Lœwy répond qu'il ne peut rien affirmer à cet égard ; mais il ne croit pas que le climat de Paris soit mauvais au point de vue des observations astronomiques.

M. **Becquerel** demande si le mercure employé pour les observations du nadir est toujours parfaitement pur et clair.

M. Lœwy répond affirmativement ; l'appareil dont on fait usage est muni d'une pompe qui ne laisse pas subsister les poussières.

M. Delaunay demande si l'état des couches d'air nuit actuellement aux observations méridiennes.

M. *Lœwy* répond que cela n'est pas douteux ; les images sont trop souvent diffuses et ondulantes, ce qui a pour effet d'accroître les erreurs accidentelles tant pour les observations directes que pour celles par réflexion, quand on peut les faire.

M. Becquerel demande s'il existe quelque cause particulière de trouble dans les images résultant de la situation de l'Observatoire.

M. *Lœwy* répond affirmativement; il a pu reconnaître pendant son séjour à l'observatoire de Vienne que l'inconvénient en question ne se présentait pas au même degré, ni aussi fréquemment.

M. Faye demande comment on peut constater l'existence des inconvénients signalés par M. Lœwy.

Celui-ci répond que ces inconvénients sont établis d'une manière incontestable par les ondulations des images variables suivant les jours et par la différence qui existe entre les observations faites au nord et au sud. Pour une même hauteur, la transparence de l'air est tout autre au sud qu'au nord; au sud, les images sont relativement très-nettes de 10 degrés à 90 degrés. Il résulte de là que l'observation des passages inférieurs des étoiles circompolaires ne peut être faite à Paris avec une grande précision.

M. Dumas demande si l'observation de la polaire peut être faite.

M. *Lœwy* répond qu'on peut faire cette observation; cependant l'étoile est souvent très-ondulante, et on doit appliquer ici ce qu'il a dit en général des circompolaires.

M. Becquerel demande si dans les observations faites à Paris il existe des erreurs assez graves pour que ces observations ne puissent pas être employées dans les théories.

M. *Lœwy* répond qu'il existe des erreurs systématiques très-nuisibles dans les positions des étoiles fondamentales. Il existe aussi des erreurs accidentelles qu'on ne peut éliminer que par une multiplication des observations relativement plus considérable qu'ailleurs.

M. Laugier demande à M. Lœwy s'il pense qu'on puisse se passer du nadir.

M. *Lœwy* répond qu'on ne peut pas s'en passer. Lors même, dit-il, qu'on aurait le moyen de s'en passer, il vaudrait mieux encore en faire usage, afin de pouvoir contrôler les résultats obtenus par une autre méthode; il est inadmissible qu'on puisse se passer du nadir dans un observatoire.

M. Serret demande s'il est possible de déterminer exactement la latitude de l'Observatoire de Paris.

M. Lœwy répond que cette latitude n'est pas connue et qu'elle ne saurait être déterminée à cause de la discordance des résultats obtenus. M. Serret fait remarquer que cette question est une de celles dont M. Dumas s'était préoccupé et qu'il a posées à M. Villarceau dans la séance précédente.

M. Lœwy croit devoir compléter sa déclaration en indiquant les difficultés qui proviennent des constructions de l'Observatoire même. Il est absolument impossible de disposer des équatoriaux en nombre suffisant pour voir le ciel.

M. Delaunay demande à M. Lœwy des renseignements sur la situation des divers observatoires qu'il a visités.

M. Lœwy répond que presque tous les observatoires ont été construits ou transférés hors des villes. Trois seulement sont mal placés; ce sont ceux de Paris, de Berlin et de Washington. Mais ce dernier est sur le point d'être transféré, et celui de Berlin n'avait été destiné, dans l'origine, qu'à une école d'Astronomie.

M. Laugier demande à M. Lœwy si l'on observe le nadir à l'observatoire de Poulkowa.

M. Lœwy répond qu'on ne fait pas cette observation; l'observatoire de Poulkowa possède un cercle vertical.

M. Liouville demande si, dans le cas où l'Observatoire actuel serait conservé, il convient qu'une Société puisse y tenir ses réunions.

M. Lœwy répond qu'il y aurait de graves inconvénients si les salles d'observations étaient envahies; mais, dans le cas contraire, il n'en aperçoit pas.

M. Delaunay fait remarquer qu'il serait dangereux que le public pût approcher des instruments.

M. Le Verrier répond qu'on ne peut pas se soustraire aux visites du public.

M. le Président remercie M. Lœwy des renseignements qu'il a donnés à la Commission et lui annonce qu'il peut se retirer.

Après le départ de M. Lœwy, **M. Le Verrier** demande la parole. Il désire qu'il ne s'établisse pas de discussion en ce moment; mais il y a, suivant lui, plusieurs inexactitudes dans ce qu'a dit M. Lœwy, et il doit être entendu que M. Le Verrier n'admet pas dans son entier la déclaration de cet astronome. Ainsi, M. Lœwy a dit que la latitude ne peut être déterminée par le nadir, à cause de différences de 6 dixièmes de seconde; mais de telles différences existent partout. En observant le pôle par le moyen des circompolaires, on trouve des résultats qui concordent à 1 dixième de seconde près.

M. *Wolf* est introduit. **M. le Président** lui demande s'il existe des inconvénients résultant de la situation de l'Observatoire.

M. *Wolf* répond que de tels inconvénients existent. Il examine successivement l'influence des conditions actuelles sur les observations méridiennes et sur les observations faites aux équatoriaux. Les observations méridiennes peuvent être faites, mais non sans de grandes difficultés; il insiste surtout sur la difficulté d'établir l'équilibre de température entre l'intérieur et l'extérieur. Il fait ressortir les défectuosités que présente la construction de la salle méridienne. Il est absolument impossible, ajoute M. Wolf, d'observer le nadir, et de faire les observations par réflexion, si ce n'est dans la nuit, après une heure.

Pour ce qui est des observations équatoriales, on a prétendu, dit M. Wolf, qu'on pourrait voir à l'Observatoire tout ce qu'on voit ailleurs. Il est vrai qu'on voit plus qu'à Londres, mais on est très-loin de faire ce que l'on fait à Munich. On a pu, dans cette dernière ville, observer les satellites d'Uranus et le satellite de Sirius, ce qu'on n'a pas pu faire à Paris; M. Wolf cite encore la comète de Brorsen. Ainsi l'on ne voit pas à l'Observatoire les astres faibles qu'on voit ailleurs, et les conditions deviendront pires dans la suite.

Tout le monde, poursuit M. Wolf, admet que l'Observatoire doit être modifié. Le Directeur a proposé de déraser le premier étage, et d'un autre côté, il faudrait rebâtir la salle méridienne. Dans de telles conditions il est évidemment préférable de s'éloigner.

En terminant sa déclaration, M. Wolf signale les inconvénients qui résultent des bruits qui se font autour de l'Observatoire, et qui empêchent d'entendre la pendule.

M. Delaunay demande à M. Wolf s'il est possible d'exécuter les mesures micrométriques qu'exigent les recherches de parallaxes ou de distances d'étoiles doubles.

M. *Wolf* répond qu'il n'a jamais fait d'observations de cette nature, mais il fait remarquer qu'on ne peut employer, à l'Observatoire, que des grossissements de 5oo fois seulement.

M. Liouville demande à M. Wolf de faire connaître son opinion sur les inconvénients que peuvent offrir des réunions nombreuses tenues à l'Observatoire.

M. *Wolf* répond qu'il est urgent que le public ne puisse déranger les observateurs dans leurs travaux courants.

On a dit, ajoute M. Wolf, que les objections au maintien de l'Observatoire dans sa situation actuelle tombaient en présence de la succursale de Marseille. Mais tel n'est pas le rôle d'une succursale, qui doit servir surtout de contrôle pour les observations.

M. Wolf fait remarquer à cette occasion que le climat de Marseille est très-mauvais au point de vue des observations astronomiques. Toulon aurait été meilleur.

M. Faye demande si les conditions particulières dont il a été parlé ont exercé une influence sur les observations méridiennes. En d'autres termes, les observations de fondamentales faites à Paris sont-elles bonnes?

M. *Wolf* répond que les fondamentales faites à Paris sont des *fondamentales d'occasion*. En même temps qu'on observait les étoiles de Lalande, on faisait quelques fondamentales qui servaient à déterminer la position des autres ou les constantes instrumentales. Pour faire de vraies fondamentales, il faudrait sortir de la salle méridienne.

M. le Président remercie M. Wolf, au nom de la Commission, et lui annonce qu'il peut se retirer.

Après la sortie de M. Wolf, M. Le Verrier prend la parole. Il proteste contre la locution de *fondamentales d'occasion* dont s'est servi M. Wolf. M. Wolf, dit-il, n'est pas au courant de la question. Il est faux qu'il y ait eu cinq ou six fondamentales par soirée; pendant plusieurs années on a fait des fondamentales en grand nombre; M. Le Verrier apportera le travail à la Commission. Il n'a pas, ajoute-t-il, proposé de détruire la salle méridienne, mais seulement de faire installer, hors de cette salle, un instrument pour faire les déclinaisons.

M. *Marié-Davy* est introduit. Sur la demande de M. le Président, M. Marié-Davy déclare que l'Observatoire de Paris présente de graves inconvénients au point de vue des observations. Ces inconvénients résultent des trépidations du sol, de l'illumination de l'atmosphère et de la distribution irrégulière des températures.

M. Delaunay demande à M. Marié-Davy s'il a eu l'occasion de constater lui-même ces inconvénients.

M. *Marié-Davy* répond affirmativement; l'aiguille de la boussole d'inclinaison appuie par un couteau sur un plan horizontal; les trépidations du sol l'écartent de sa position.

M. Delaunay demande encore à M. Marié-Davy si l'on peut atténuer, en s'élevant, le défaut de transparence de l'air.

M. *Marié-Davy* répond affirmativement. A une certaine hauteur, la transparence reparaît.

M. Becquerel demande à M. Marié-Davy si l'on a fait des observations thermométriques simultanées à diverses hauteurs, autour de l'Observatoire et à distance.

M. *Marié-Davy* répond qu'il ne connaît pas de telles observations; cependant, il a placé des thermomètres à maxima et minima à la fenêtre nord de la salle méridienne du second étage, et il a constaté que leurs indications ne concordaient pas avec celles fournies par les instruments placés auprès de la salle méridienne.

M. Le Verrier dit qu'il a fait un grand nombre d'expériences du genre de celles dont a parlé M. Becquerel.

M. Faye demande si la surélévation de la terrasse et du grand bâtiment a une influence sur les couches d'égale température.

M. *Marié-Davy* répond affirmativement.

M. Élie de Beaumont demande : 1° jusqu'à quelle hauteur s'observe l'illumination de l'atmosphère que M. Marié-Davy assimile aux apparences d'une aurore boréale; 2° dans quelles circonstances se produisent principalement les effets des trépidations du sol.

M. *Marié-Davy* répond, en ce qui concerne la première question, que les apparences d'aurore boréale peuvent s'étendre jusqu'à 45 degrés et au delà. A l'égard des trépidations, elles auront plus d'effet sur le bain de mercure si ce bain est lié directement aux murs que s'il s'appuie sur le parquet.

M. Liouville demande à M. Marié-Davy s'il pense qu'il y ait quelque intérêt pour la Météorologie à être réunie à l'Astronomie.

M. *Marié-Davy* répond que la Météorologie n'a rien de commun avec l'Astronomie; il n'y a aucune raison pour une telle association, il y a même des inconvénients à ce que les deux sciences soient réunies.

M. le Président remercie M. Marié-Davy des renseignements qu'il a donnés à la Commission et lui annonce qu'il peut se retirer.

Après la sortie de M. Marié-Davy, MM. Élie de Beaumont et Faye expriment le vœu que la Commission se rende à l'Observatoire pour se faire, par elle-même, l'idée des inconvénients qui ont été signalés. M. Faye croit qu'il est nécessaire d'examiner s'il est possible ou non d'avoir le bain de mercure.

M. Le Verrier déclare qu'on ne peut pas avoir le bain de mercure. On avait espéré, dit-il, que l'on pourrait, par le moyen d'un fossé, arrêter les trépidations. Le pilier du cercle de Gambey a été effectivement isolé et le bain de mercure placé au niveau de la cour; on n'a pas obtenu mieux. On a fait tous les essais possibles, mais on n'a jamais rien gagné. M. le colonel Hossard à reconnu que les trépidations qui s'exécutent aux bords d'un grand bain circulaire sont moins sensibles que celles du centre. On a donc fait un grand bain de mercure et on observe exclusivement sur le bord. La seule amélioration qu'on ait réalisée est celle d'un grand bain.

M. Faye pense qu'il faut aller voir jusqu'où va cet inconvénient du bain de mercure.

M. Élie de Beaumont ajoute qu'il faut savoir dans quelle mesure il est possible d'atténuer l'effet des trépidations.

M. Le Verrier cherche à prouver qu'un collimateur est de beaucoup supérieur au bain de mercure.

M. Yvon Villarceau proteste contre cette proposition.

La Commission décide qu'elle se réunira samedi 20 juin, à 3 heures.

La séance est levée à 5 heures et demie.

Ch. Delaunay.

J.-A. Serret.

SÉANCE DU 20 JUIN 1868.

PRÉSIDENCE DE M. DELAUNAY.

La séance est ouverte à 3 heures.

Sont présents : MM. *Mathieu, Laugier, Faye, Delaunay, Élie de Beaumont, Yvon Villarceau, Serret, Dumas, Becquerel.*

Le procès-verbal de la séance du 13 juin est lu et approuvé.

M. Serret fait ressortir l'importance des renseignements fournis dans la dernière séance par MM. Lœwy, Wolf et Marié-Davy. Conformément au désir exprimé par la Commission, ces astronomes ont reproduit leurs déclarations verbales dans des Notes écrites. Les documents dont il s'agit offrent le plus grand intérêt; ils sont de nature à jeter une vive lumière sur les questions en discussion, et même à porter une conviction entière dans l'esprit des Membres de la Commission. En conséquence, ajoute M. Serret, je demande à la Commission de décider que les Notes remises par MM. Lœwy, Wolf et Marié-Davy seront imprimées et distribuées à tous ses Membres.

Cette proposition est adoptée à l'unanimité (1).

M. Dumas pense que les procès-verbaux des séances de la Commission devront également être imprimés et distribués ultérieurement à tous les Membres de l'Académie.

M. Laugier donne lecture d'une Note écrite sur l'utilité du bain de mercure pour la mesure des distances polaires des étoiles fondamentales. D'après M. Laugier, dans un observatoire où l'observation du nadir serait impossible, il faudrait bien avoir recours aux étoiles fondamentales d'un autre observatoire; mais alors, on ne pourrait pas se flatter d'avoir fait un travail entièrement indépendant, et cette dépendance forcée équivaudrait à une infériorité relative. Ce que M. Laugier dit du bain de mercure doit s'appliquer, *à fortiori*, aux observations par réflexion, puisque sans elles il ne serait pas possible d'étudier l'influence de la flexion des lunettes.

---

(1) *Voir* les Pièces annexées, n°s 1, 2, 3.

M. Laugier lit une deuxième Note, dans laquelle il examine les conditions que doit remplir un observatoire de premier ordre, tel que doit être l'Observatoire impérial. Dans la pensée de M. Laugier, le bâtiment actuel ne pourra jamais, quoi qu'on fasse, remplir les conditions dont il a parlé. Il est, en conséquence, jusqu'à preuves contraires, pour l'Observatoire *hors* de Paris.

M. Faye donne lecture d'une Note écrite, dans laquelle il cherche à prouver que l'on a exagéré la gravité des obstacles qui s'opposeraient à la précision des observations faites à l'Observatoire de Paris. Suivant lui, le bain de mercure n'est pas indispensable et il peut être suppléé par l'emploi des niveaux et des collimateurs. D'après M. Faye, la question de l'Observatoire se réduit à ceci : Peut-on loger les Astronomes près des locaux consacrés aux observations? Peut-on donner aux bâtiments d'observation l'extension nécessaire ou désirable? Peut-on placer utilement à l'Observatoire des instruments extra-méridiens d'une très-grande puissance? Dans le cas où ces trois questions seraient résolues négativement, M. Faye voterait pour la translation de l'Observatoire dans une localité plus favorable.

La Commission décide que les Notes lues par MM. Laugier et Faye seront imprimées et distribuées (1).

M. Serret pense que M. Faye a fait trop bon marché des objections qui ont été soulevées contre le maintien de l'Observatoire impérial à l'intérieur de Paris. Il croit devoir remettre sous les yeux de la Commission la conclusion de la déclaration faite par M. Lœwy et de laquelle résultent, d'après cet Astronome, d'une part, l'impossibilité d'exécuter dans les conditions actuelles la plupart des grands travaux astronomiques, et d'autre part, la nécessité de renoncer à des méthodes sûres et à des instruments importants (2).

M. Delaunay appuie ce que vient de dire M. Serret. La France, dit-il, doit chercher à faire le mieux possible, et les inconvénients signalés sont si nombreux, qu'il importe de s'y soustraire.

M. Dumas pense que des expériences sont indispensables à Paris et aux environs. Il conviendrait d'abord, suivant lui, de prier M. le Directeur de l'Observatoire de mettre la Commission en mesure de se prononcer sur l'emploi du bain de mercure.

---

(1) *Voir* les Pièces annexées, n°s 4 et 5.
(2) *Voir* la Pièce annexée, n° 1.

M. Delaunay ajoute que, de son côté, il s'est déjà entretenu avec M. Wolf d'expériences correspondantes relatives aux grossissements, à Paris et à Meudon.

M. Élie de Beaumont pense que la station de Meudon est très-convenable tant pour les expériences de grossissements que pour celles relatives au bain de mercure.

M. Villarceau dit qu'il convient d'adopter la localité présumée la meilleure. Il y a, suivant lui, intérêt à choisir Fontenay-aux-Roses.

M. Élie de Beaumont pense qu'il ne faut pas aller faire les expériences dans la localité où l'on se propose d'acheter.

M. Delaunay appuie ce qu'a dit M. Élie de Beaumont; il pense qu'il faut demander l'autorisation d'observer au château de Meudon.

M. Villarceau fait remarquer que le château de Meudon n'est pas dans les conditions que l'on rencontrerait en rase campagne. Peut-être en s'élevant de quelques mètres au-dessus du sol, trouverait-on de grandes différences; on gagnerait assurément. La localité de Meudon, ajoute M. Villarceau, ne convient pas pour un observatoire, à cause des bois par lesquels elle est dominée.

M. Delaunay pense que ce qu'a dit M. Villarceau n'empêcherait pas les expériences relatives aux forts grossissements.

M. Becquerel conteste cette opinion. Il pourrait arriver qu'on ne fût pas en mesure de conclure.

M. Mathieu pense que la question du bain de mercure et des observations par réflexion peut être résolue à la station de Meudon.

M. Villarceau déclare que l'emploi de son instrument méridien portatif permettait de résoudre la question de la valeur d'une localité donnée. Mais pour juger des grossissements, il faut, par le moyen de constructions, s'exhausser de plusieurs mètres au-dessus du sol.

M. Faye pense qu'il est surtout utile de vérifier la possibilité d'employer de forts grossissements. Suivant lui, on aura certainement une stabilité suffisante dans les environs de Paris.

M. Élie de Beaumont pense qu'on n'a point discuté la cause principale des inconvénients qu'on observe. Il existe, dans Paris, une multitude de maisons qui versent dans l'air une quantité considérable d'air chaud qui passe dans l'atmosphère, sans s'y mélanger. De là résultent assurément des réfractions anormales.

M. Becquerel ne croit pas que la cause signalée par M. Élie de Beaumont ait une influence aussi grande qu'il le suppose.

M. Dumas estime que la terrasse du château de Meudon serait très-convenable pour les essais que l'on a en vue.

M. Villarceau dit que si l'emploi des instruments de petite dimension aboutit à un résultat négatif, la question sera jugée pour la localité considérée; c'est un mode d'élimination facile. Si, au contraire, l'emploi des petits instruments donne des résultats favorables, il restera encore à examiner la question des forts grossissements. Pour reconnaître s'il est possible de faire usage de grossissements supérieurs à 5 ou 600 fois, il sera nécessaire d'installer des instruments parallactiques sur des échafaudages élevés de plusieurs mètres au-dessus du sol.

M. Dumas pense qu'il est convenable de séparer les questions. Quand il s'agit, dit-il, de faire des observations exactes, il faut chercher avant toutes choses à se garantir de toutes les causes d'erreur. Suivant lui, la question du bain de mercure est la principale. Il faut savoir exactement si le bain de mercure est effectivement impossible à Paris et si on peut l'obtenir dans les environs de la ville.

M. Serret fait remarquer que la première partie de la question est hors de toute contestation. Les Astronomes et le Directeur de l'Observatoire sont d'accord sur ce point qu'on ne peut avoir avec certitude, à Paris, le bain de mercure. Il reste donc à examiner seulement si l'on peut faire usage de ce bain dans les environs de Paris.

M. Élie de Beaumont pense que la question des conditions de l'atmosphère est la principale et qu'elle doit surtout préoccuper la Commission. La question du bain de mercure n'a pas, pour M. Élie de Beaumont, la même importance. On trouvera certainement dans la suite, dit-il, les moyens de détruire l'effet des trépidations du sol sur le bain de mercure.

M. Villarceau répond qu'en supposant le bain de mercure soustrait aux trépidations du sol par les procédés inconnus dont a parlé M. Élie de Beaumont, il restera encore à se garantir des vibrations transmises par l'atmosphère. M. Villarceau ne suppose pas que l'on songe jamais à faire les observations dans le vide.

M. Serret pense avec M. Dumas que la question du bain de mercure est la principale. La question de l'atmosphère ne lui paraît pas douteuse.

M. Delaunay dit que rien ne s'oppose à ce qu'on fasse les deux choses en même temps.

M. Faye conteste la nécessité du bain de mercure dans un observatoire. Il répète, ce qui a été déjà dit, qu'on ne fait point usage du mercure à l'observatoire de Poulkowa.

M. Villarceau insiste au contraire sur la nécessité absolue du bain de mercure. A Poulkowa, dit-il, on s'est occupé des flexions des lunettes, et personne n'a démontré l'exactitude de la loi des flexions admise par cet observatoire. M. Struve n'a pas répondu aux remarques que lui a présentées M. Villarceau, au sujet des flexions.

M. Dumas insiste de nouveau sur la séparation des questions.

MM. Serret et **Becquerel** demandent au contraire que les deux questions soient examinées simultanément.

La Commission décide qu'une Sous-Commission, composée de **MM. Laugier, Faye** et **Villarceau**, sera chargée de faire des essais dans une localité voisine de Paris. Le choix de cette localité et des expériences à exécuter sera fait par la Sous-Commission de la manière qu'elle jugera convenable.

La séance est levée à 5 heures et demie.

CH. DELAUNAY.

J.-A. SERRET.

SÉANCE DU 27 JUIN 1868.

PRÉSIDENCE DE M. DELAUNAY.

La séance est ouverte à 3 heures.

Sont présents : *MM. Mathieu, Laugier, Le Verrier, Faye, Delaunay, Élie de Beaumont, Yvon Villarceau, Serret.*

Le Secrétaire de la Commission donne lecture du procès-verbal de la séance du 20 juin.

M. Le Verrier demande la parole pour repousser une opinion qui lui est attribuée dans ce procès-verbal et qui, dit-il, n'est pas la sienne. Il affirme que le Directeur de l'Observatoire n'a jamais déclaré qu'on ne pouvait pas avoir le bain de mercure.

M. Serret répond en donnant lecture : 1° de la phrase du procès-verbal de la séance précédente, contre laquelle proteste M. Le Verrier, et qui est ainsi conçue : « *Les Astronomes de l'Observatoire et le Directeur sont d'accord sur ce point qu'on ne peut pas avoir avec certitude, à Paris, le bain de mercure* »; 2° de la partie du procès-verbal approuvé de la séance du 13 juin qui reproduit les déclarations de M. Le Verrier au sujet du bain de mercure. Les paroles attribuées à M. Serret par le procès-verbal de la séance du 20 juin ont été effectivement prononcées par lui; il n'y a donc lieu à aucune rectification de ce procès-verbal. D'un autre côté, les déclarations faites par M. Le Verrier, dans la séance du 13 juin, ont été reproduites exactement et sans qu'un seul mot ait été retranché. Ces déclarations commencent ainsi : « *On ne peut pas avoir le bain de mercure.* ».

M. Le Verrier dit que pour reproduire sa pensée, il eût fallu ajouter « à toutes les heures ».

M. Serret répond qu'il n'y avait rien à ajouter. Les Astronomes de l'Observatoire n'ont en aucune façon déclaré qu'on ne pouvait jamais avoir le bain de mercure. Ils ont toujours dit, au contraire, qu'on pouvait l'obtenir à certaines heures de la nuit, mais non pas à toutes les heures. Dès lors, M. Serret a exprimé une chose vraie en affirmant l'accord des Astronomes de l'Observatoire et du Directeur sur le point en question.

Après ces explications, le procès-verbal de la séance du 20 juin est approuvé.

M. Le Verrier demande la parole pour présenter des observations au sujet des documents dont la Commission a décidé l'impression et dont chaque Membre a reçu un exemplaire. « La Commission, dit-il, a appelé les Astronomes de l'Observatoire dans son sein, et assurément on ne leur a pas demandé l'opinion du Directeur; il n'était donc pas convenable de le faire parler. Dans la séance du 13 juin, M. Wolf a dit que l'on n'avait observé que des *fondamentales d'occasion;* je n'ai pas protesté. »

M. Serret fait remarquer que M. Le Verrier a parfaitement protesté contre les paroles prononcées par M. Wolf; le procès-verbal de la séance du 13 juin en fait foi, et l'on y trouve la mention de cette protestation. C'est même, sans doute, à cause de cette protestation dont M. Wolf aura eu connaissance, que cet Astronome a déclaré, dans sa Note écrite, qu'il tenait de M. Le Verrier lui-même, l'expression de *fondamentales d'occasion.* Cette expression n'a, au surplus, rien de blessant; elle signifie seulement que les fondamentales n'ont été observées qu'occasionnellement.

M. Le Verrier répond qu'il n'admet pas qu'une personne qui a accès dans son cabinet puisse répéter ses paroles : « M. Serret, dit-il, ne l'admettrait pas. M. Wolf, ajoute M. Le Verrier, n'est pas au courant de la question; je nie formellement que l'on n'ait observé les fondamentales qu'occasionnellement; je n'ai jamais rien dit de pareil. Non-seulement je ne l'ai pas dit, mais je ne pouvais pas le dire, parce que cela n'est pas vrai. »

M. Delaunay donne lecture d'une Note écrite en réponse à celle que M. Faye a lue dans la dernière séance, et dont la Commission a ordonné l'impression. Après avoir rappelé les conclusions de la Note de M. Faye (1), M. Delaunay fait remarquer que la Commission ne se propose nullement de chercher des raisons pour appuyer le projet du déplacement de l'Observatoire impérial. « Elle est chargée, dit-il, d'examiner si ce déplacement est utile et même nécessaire aux intérêts de la science. Si elle trouve des raisons suffisantes pour proposer ce déplacement, elle doit les faire connaître sans exagération, mais aussi sans atténuation aucune. La vérité tout entière doit être dévoilée; c'est notre devoir de la faire connaître : l'intérêt de la science l'exige. »

---

(1) *Voir* les Pièces annexées, n° 5.

D'après les renseignements fournis à la Commission, les inconvénients que présente l'Observatoire actuel sont de deux sortes : 1° ceux qui résultent de la situation de l'Observatoire dans l'intérieur de Paris, savoir : *Trépidations du sol, — Défaut de transparence de l'air, — Illumination du ciel;* 2° ceux qui résultent de la disposition et de la faible étendue du terrain, ainsi que des constructions existantes, savoir : *Défaut d'horizontalité des couches d'air de même densité, — Impossibilité de loger les Astronomes, — Impossibilité d'installer convenablement des instruments de grandes dimensions.* « Tels sont, dit M. Delaunay, les points sur lesquels la Commission doit se prononcer, et qui devront servir de base à sa résolution finale. Les conditions de l'Observatoire deviennent chaque jour de moins en moins bonnes, pendant que les exigences de la science, en fait de précision, ne font que s'accroître. De ces deux circonstances résultera nécessairement, un jour ou l'autre, la nécessité de se placer dans des conditions meilleures. Notre mission consiste à examiner si le moment est venu de procéder à une transformation radicale de notre premier établissement astronomique. »

M. Faye répond que, dans la Note lue par lui à la dernière séance, il a voulu seulement mentionner les motifs pour lesquels il pourrait y avoir lieu de déplacer l'Observatoire. Les trois dont il a parlé sont, suivant lui, les principaux.

M. Delaunay conteste l'exactitude de cette appréciation.

M. Faye ajoute qu'il verrait avec peine l'Académie appuyer sur des motifs sans valeur le conseil de transférer l'Observatoire. Le bain de mercure n'est pas nécessaire à chaque instant; il suffit qu'on puisse l'obtenir quelquefois. M. Faye fait remarquer que nulle part on n'a atteint la limite de l'exactitude à laquelle on peut prétendre; le bain de mercure est une bonne chose, très-utile, mais qui scientifiquement n'est pas indispensable.

L'Observatoire, dit en terminant M. Faye, se compose de deux parties : un bâtiment, jugé dès son origine, que Roëmer traitait d'Observatoire de parade, et le cabinet des observations méridiennes. C'est ce cabinet qui constitue le véritable Observatoire. Peut-on lui donner l'extension nécessaire ? Telle est la première question. Peut-on loger les Astronomes à proximité de leurs instruments? Telle est la seconde. Peut-on ériger utilement de puissants instruments extraméridiens ? Telle est la troisième.

M. Élie de Beaumont fait remarquer que l'absence de logements ne peut être un motif pour déplacer l'Observatoire; c'est un motif pour bâtir.

Rien ne serait plus facile que d'élever des constructions sur les terrains qui avoisinent le bâtiment actuel ; il est de la plus haute importance que tous les Astronomes soient logés. Le public n'apprendrait certainement pas sans étonnement que, passé minuit, on n'observe plus à l'Observatoire de Paris.

M. LE VERRIER répond que le ciel commence à être favorable aux observations à l'instant du coucher du soleil, mais qu'il ne l'est plus passé minuit.

L'exactitude de cette assertion est contestée par plusieurs Membres de la Commission.

M. DELAUNAY annonce qu'il a reçu de M. Becquerel, empêché d'assister à la séance, une Note dans laquelle celui-ci fait connaître son opinion sur la question du transfert de l'Observatoire.

La Commission décide que la Note lue par M. Delaunay et celle adressée par M. Becquerel seront imprimées et distribuées aux Membres (1).

M. VILLARCEAU donne lecture d'une Note écrite où il discute l'opinion exprimée par M. Faye dans la Note lue par celui-ci à la séance précédente. Les assertions des Astronomes de l'Observatoire ont été contestées ou au moins taxées d'exagération par M. Faye. « Mais, dit M. Villarceau, l'exagération est le fait de notre Confrère. J'ai déclaré qu'un observatoire qui ne peut plus poursuivre utilement la position des étoiles fondamentales déchoit au second rang, et j'ai ajouté que, si les conditions locales s'opposent à ce qu'on y entreprenne des travaux de recherches d'astres très-faibles et à ce qu'on y utilise de puissants instruments, cet observatoire se trouve dans des conditions d'infériorité par rapport à beaucoup d'observatoires de deuxième ordre, qui sont établis dans des localités où ces travaux s'exécutent. Telles sont les assertions dont j'ai fait l'application à l'Observatoire de Paris ; mais je n'ai pas dit qu'on n'y puisse faire encore de bonnes observations, et que tous les travaux de cet Observatoire soient entachés d'erreur. »

M. Villarceau examine la question du bain de mercure au double point de vue de la détermination de la verticale et des observations des étoiles par réflexion.

Pour ce qui est de la détermination de la verticale, rien aujourd'hui, dit

---

(1) *Voir* les Pièces annexées, n°s 6 et 9.

M. Villarceau, ne peut suppléer pratiquement l'emploi du bain de mercure. La méthode proposée par M. Faye, qui repose sur l'emploi des niveaux et des collimateurs, est d'une complication excessive : elle exige huit observations du niveau et quatre observations de l'axe optique du collimateur au moyen de la lunette de l'Instrument méridien. Une telle opération n'est pas de celles que l'on peut effectuer à tout instant et avec la dernière précision, comme le demande M. Faye.

Pour ce qui est des observations par réflexion, M. Villarceau et ses Collègues de l'Observatoire n'admettent pas, comme le suppose M. Faye, la possibilité d'éliminer en bloc toutes les erreurs qui résultent des flexions. Ils veulent faire des observations par réflexion en nombres suffisants pour déterminer les diverses erreurs dues aux flexions, attendu qu'aucune autre méthode pour arriver à ce résultat n'a encore été mise en pratique. Discutant ensuite la méthode proposée par M. Faye pour l'étude des flexions, M. Villarceau la déclare inapplicable aux instruments méridiens déjà établis. Il faut bien qu'il en soit ainsi, dit-il, puisque, bien qu'il se soit écoulé une vingtaine d'années depuis que M. Faye a publié ses idées sur ce sujet, aucun observatoire n'a encore fait l'application des méthodes qu'il recommande. On a objecté la pratique de l'observatoire de Poulkowa, où l'on ne fait pas usage du bain de mercure ; mais, dans la description de cet observatoire par William Struve, l'illustre Astronome, après avoir parlé des observations directes et par réflexion, ajoute : « Voilà le contrôle final auquel nous pourrons soumettre les mesures faites avec notre cercle vertical. » M. Villarceau conclut en disant que, dans aucun cas, on ne peut éviter l'emploi du bain de mercure, lorsqu'on tient à se ménager des moyens de contrôle.

Abordant la question des passages méridiens des étoiles à l'Observatoire de Paris, M. Villarceau fait ressortir la difficulté d'observer la mire méridienne, d'où résulte la nécessité de multiplier les observations de toute nature pour obtenir des moyennes affranchies en partie des erreurs provenant de la mire. Quant à la concordance des résultats obtenus dans les deux positions directe et inverse de l'instrument, concordance dont M. Le Verrier s'est prévalu devant l'Académie, elle ne prouve en aucune façon que les positions obtenues soient exemptes de l'effet moyen des réfractions anormales.

Pour reconnaître, ajoute M. Villarceau, combien les conditions de l'Observatoire se sont aggravées, il suffit de se reporter au Mémoire de M. Auwers sur les déclinaisons des étoiles fondamentales. D'après ce travail, l'erreur moyenne d'une observation isolée correspondante au Catalogue de l'Observatoire et celle correspondante au Catalogue de notre confrère M. Laugier, sont dans un rapport tel, qu'il faut aujourd'hui trois fois plus d'observations de déclinaisons qu'en 1852 pour obtenir un résultat d'une précision donnée.

Enfin, pour échapper aux inconvénients des bruits de toute nature qui empêchent d'entendre les battements de la pendule, M. Faye a proposé de recourir à l'enregistrement électrique du temps. M. Villarceau affirme qu'aucun directeur d'observatoire ne consentirait à la suppression en toutes circonstances de la méthode qui repose sur l'estime du temps.

En terminant, M. Villarceau dit qu'il croit, contrairement à l'opinion de M. Faye, indispensable de faire connaître la vérité tout entière au Gouvernement et aux Astronomes amateurs qui songeraient à installer des observatoires particuliers à l'intérieur de la ville.

La Commission décide que la Note de M. Villarceau sera imprimée (1).

M. Faye demande la parole pour répondre à M. Villarceau (2). En ce qui concerne le reproche de complication excessive que M. Villarceau fait à la méthode fondée sur l'emploi des collimateurs et proposée par M. Faye, celui-ci fait remarquer que les opérations exigées par cette méthode ne sont pas journellement nécessaires; il a d'ailleurs indiqué des moyens de simplification.

M. Villarceau a critiqué le raisonnement fait par M. Faye au sujet de l'élimination en bloc des erreurs dues aux flexions. M. Faye fait remarquer que non-seulement cette opinion n'est pas sienne, mais qu'il en a le premier fait ressortir l'inexactitude. Il n'en a parlé dans sa Note que parce qu'elle semble diriger la pratique de plusieurs observatoires.

M. Faye repousse l'objection qui repose sur ce fait que les procédés proposés par lui pour l'étude des flexions n'ont jamais été employés dans aucun observatoire. Il ne saurait résulter de là aucune défaveur scientifique. L'argument aurait quelque valeur, dit-il, si les Astronomes avaient trouvé quelque autre méthode égale ou préférable à la sienne; mais dans aucun observatoire on n'a soumis les cercles à une étude complète. On n'a jamais rien fait dans cette voie. Personne ne s'est même occupé de corriger le nadir; on considère comme exempt d'erreurs le nadir déterminé par le bain

---

(1) *Voir* les Pièces annexées, n° 7.
(2) *Voir* les Pièces annexées, n° 8.

de mercure. Il n'existe pas d'observatoire où l'on s'occupe de corriger le nadir.

M. Villarceau conteste cette assertion; il cite à l'appui de sa dénégation ses propres observations géodésiques, dans lesquelles il a éliminé l'erreur du nadir par l'emploi du retournement.

M. Serret fait remarquer que la méthode proposée par M. Faye n'ayant pas reçu la sanction de l'expérience, celui-ci ne saurait s'en prévaloir pour repousser la plus grave objection que l'on ait faite au maintien de l'Observatoire dans l'intérieur de la ville.

M. Faye conteste cette appréciation. Il aborde ensuite la question des observations des étoiles par réflexion. Ces observations constituent, dit-il, un mauvais procédé; on introduit ici des causes nouvelles d'erreur.

M. Villarceau répond qu'alors on multiplie les observations.

M. Faye répète que l'on observe ainsi dans des conditions qui sont aussi mauvaises que possible. M. Airy, avec lequel il s'est entretenu de cette méthode, a trouvé ses remarques fort justes; cependant il a continué comme par le passé.

En terminant, M. Faye déclare qu'il persiste à croire que l'on peut faire à Paris, malgré les petites trépidations du sol, l'illumination nocturne de l'atmosphère et les bruits de la ville, des observations aussi bonnes que partout ailleurs. Cela ne veut pas dire que les observateurs actuels aient tort de désirer des conditions plus favorables; M. Faye a seulement voulu établir avec précision les points sur lesquels doit porter l'enquête de la Commission.

M. Laugier rappelle qu'il est de principe en Astronomie que les vérifications doivent être faites fréquemment. Cette observation se rapporte à ce qu'a déclaré M. Faye relativement à sa méthode qui n'a pas besoin, a-t-il dit, d'être pratiquée journellement.

M. Delaunay résume les inconvénients qui ont été signalés, savoir : 1° les trépidations du sol, qui s'opposent à l'emploi du bain de mercure pour la détermination de la verticale et pour les observations des étoiles par réflexion; 2° le défaut de transparence de l'air, qui ne permet pas l'usage des forts grossissements; 3° l'illumination de l'atmosphère, qui empêche de voir les astres très-faibles. Il demande que la Commission se prononce sur la réalité de ces inconvénients. La Commission, dit-il, est-elle suffisamment éclairée sur la première question, celle des trépidations du sol?

M. Le Verrier nie que les inconvénients signalés soient de nature à justifier le transfert. On peut, dit-il, aller faire à Fontenay-aux-Roses, si l'on veut, à Toulouse ou ailleurs, les observations qu'on ne peut pas faire à Paris, mais il faut conserver l'Observatoire de Paris.

M. Mathieu répond qu'il est indispensable de pouvoir faire, à l'Observatoire impérial, toutes les recherches qu'exigent les besoins de l'Astronomie.

M. Laugier développe la même pensée. L'utilité de la translation de l'Observatoire, dit-il, ne devrait faire question pour aucun Astronome; il est évident qu'on se trouverait dans des conditions bien autrement favorables à quelques kilomètres de Paris. Je ne suis pas partisan des succursales; il ne faudrait pas que, dans le premier observatoire français, il y eût une seule observation qui ne pût être faite. Toutes les méthodes d'observation devraient pouvoir y être appliquées commodément; elles se compléteraient et se vérifieraient les unes par les autres. On n'en serait pas réduit, je le répète, à préconiser l'emploi de procédés non consacrés par l'expérience et d'une réalisation difficile, afin d'éviter l'application de méthodes éprouvées, mais dont l'usage permanent exige une bonne installation. Tout se simplifie si l'Observatoire est hors de Paris; tout se complique, au contraire, si l'on veut demeurer au milieu des constructions, de l'éclairage et des mouvements de la ville. C'est en faisant des observations précises que l'Astronome s'habitue à aimer la précision; mais si les moyens de l'atteindre lui font défaut, comment le goût pourra-t-il se développer? Au lieu de combattre pour le maintien de l'Observatoire à Paris, dit M. Laugier en s'adressant à M. Le Verrier, que ne vous mettez-vous à la tête du mouvement? Vous rendriez à l'Astronomie française un service signalé et vous vous feriez à vous-même le plus grand honneur. M. Laugier insiste ensuite sur les inconvénients de l'Observatoire actuel, où l'on ne peut pas observer facilement le nadir.

M. Le Verrier déclare qu'on a fait des observations de nadir.

M. Laugier continue. En ce qui concerne les observations de nadir, dit-il, j'en vois bien quelques-unes dans les volumes des *Annales de l'Observatoire*, mais il n'en est pas moins vrai qu'elles sont très-difficiles à faire et même impossibles pendant la plus grande partie du jour. Je le sais par expérience, et les Astronomes de l'Observatoire l'ont déclaré à plusieurs reprises. Quant aux observations par réflexion, il en est fait mention une fois dans le XIIe volume des *Annales*, et le passage auquel je fais allusion prouve qu'on en reconnaissait l'utilité; mais j'en ai cherché inutilement dans les vingt-deux volumes publiés. J'imagine que M. Le Verrier n'aurait pas manqué de les montrer à la Commission si elles avaient pu être faites. En terminant, M. Laugier insiste de nouveau sur le défaut de transparence de l'air et sur l'illumination de l'atmosphère.

M. Le Verrier répond à M. Laugier que pour ce qui concerne l'illumination de l'atmosphère, il peut, s'il le veut, venir à l'Observatoire s'assurer qu'elle n'a pas les inconvénients qu'il lui suppose.

M. Delaunay donne lecture de l'opinion de William Struve sur la nécessité du transfert de l'observatoire de Saint-Pétersbourg à Poulkowa; la situation de l'observatoire impérial de Russie était alors ce qu'est aujourd'hui celle de l'Observatoire de Paris. M. Delaunay pose ensuite de nouveau la question de savoir si la Commission est éclairée sur la question des trépidations du sol.

M. Le Verrier, tout en persistant à nier la nécessité du bain de mercure, déclare que la Commission peut venir, quand elle le voudra, à l'Observatoire; elle reconnaîtra qu'on peut faire usage du bain de mercure.

M. Delaunay demande à M. Le Verrier si l'on peut également faire les observations des étoiles par réflexion.

M. Le Verrier répond qu'on le peut parfaitement. Il propose ensuite de faire les expériences des collimateurs, si la Commission le désire.

M. le Président Delaunay, en présence de la situation qui est faite par les propositions de M. Le Verrier, invite la Sous-Commission nommée dans la séance du 20 juin à se rendre à l'Observatoire pour examiner s'il est effectivement possible d'observer le nadir et de faire les observations des étoiles par réflexion. (Cette Sous-Commission est composée de MM. Laugier, Faye et Villarceau.)

M. Delaunay demande ensuite à M. Le Verrier si la Sous-Commission pourra être mise en mesure d'examiner la question du défaut de transparence de l'air en faisant des essais de forts grossissements.

M. Le Verrier répond que pour que les lunettes puissent supporter de forts grossissements, il est nécessaire de se placer dans le jardin; il ne faut pas qu'elles soient installées sur le bâtiment de l'Observatoire.

M. Delaunay fait observer que, par cette déclaration, M. Le Verrier reconnaît l'influence fâcheuse du bâtiment sur les observations astronomiques.

M. Le Verrier ajoute que, pour la grande lunette de Léon Foucault, le grossissement ne doit pas dépasser 600 fois.

La Commission décide que la Sous-Commission devra s'occuper de la question des grossissements.

M. Faye demande à M. Le Verrier pourquoi le grand télescope de Foucault a été envoyé à Marseille.

M. Le Verrier répond : Parce qu'il ne pouvait être employé à Paris. A Marseille il fait plus souvent beau temps qu'à Paris. Le ciel est trop souvent couvert à Paris.

M. Villarceau demande que la tâche de la Sous-Commission soit précisée.

La Commission invite la Sous-Commission à faire porter les essais, non-seulement sur les questions des trépidations et de la transparence de l'air, mais encore sur la question de l'illumination de l'atmosphère.

M. Villarceau rend compte des essais que la Sous-Commission a faits à Fontenay-aux-Roses. Il s'est d'abord rendu seul dans cette localité et y a installé un instrument de $0^m,78$ de distance focale, avec un grossissement de 62 fois. Il a pu constater au moyen de cet instrument que le nadir s'observait parfaitement bien. Le vendredi 26 juin, la Sous-Commission a renouvelé les essais; le temps était moins beau, il faisait du vent. Après une demi-heure on a pu obtenir des pointés très-exacts. Ainsi donc, il est établi qu'il suffit de s'éloigner très-peu de Paris, pour obtenir la stabilité nécessaire. A l'égard des grossissements, M. Villarceau est convaincu qu'en installant simplement sur le sol à la station choisie à Fontenay-aux-Roses un grossissement de 600 fois, on obtiendrait peut-être des résultats moins bons qu'à l'Observatoire, mais qu'on en aurait d'excellents en s'exhaussant de quelques mètres par le moyen d'un échafaudage.

M. Le Verrier demande de quelle manière la Sous-Commission entend procéder, relativement aux expériences qu'il a provoquées. Veut-elle s'adresser au Ministre ou au Directeur de l'Observatoire?

M. Laugier demande que M. Le Verrier fasse partie de la Sous-Commission chargée d'étudier à l'Observatoire de Paris les divers points qui sont en discussion.

Cette proposition est adoptée à l'unanimité.

M. Faye pense qu'il y a lieu de prier les Astronomes de l'Observatoire, MM. Lœwy et Wolf, d'assister aux essais.

MM. Delaunay et Serret appuient cette proposition; ils pensent que la présence de MM. Lœwy et Wolf pourra être très-utile.

M. Le Verrier proteste contre la proposition de M. Faye. Dans ce cas, dit-il, on devra s'adresser au Ministre.

M. Laugier insiste pour que MM. Lœwy et Wolf puissent être appelés devant la Sous-Commission, si l'un des Membres venait à reconnaître l'utilité de leur présence.

La Commission décide que son Président adressera une demande au Ministre à l'effet d'obtenir que les Astronomes de l'Observatoire puissent se tenir à la disposition de la Sous-Commission.

M. Le Verrier déclare que si la Commission appelait de nouveau dans son sein les Astronomes de l'Observatoire, il croirait devoir se retirer.

M. Serret s'élève énergiquement contre ces paroles. Un débat s'établit, à ce sujet, entre lui et M. Le Verrier.

La séance est levée à 6 heures un quart.

Ch. Delaunay.
J.-A. Serret.

SÉANCE DU 11 JUILLET 1868.

PRÉSIDENCE DE M. DELAUNAY.

La séance est ouverte à 3 heures.

Sont présents : MM. *Mathieu, Faye, Delaunay, Élie de Beaumont, Yvon Villarceau, Serret.*

Le procès-verbal de la séance du 27 juin est lu et approuvé.

M. Delaunay annonce qu'il a écrit à S. Exc. le Ministre de l'Instruction publique pour lui demander de fournir à la Sous-Commission nommée dans la séance du 13 juin les moyens d'exécution nécessaires. M. Delaunay donne lecture de la réponse qu'il a reçue. La Commission décide que la Lettre de Son Excellence sera annexée au procès-verbal.

M. Delaunay donne ensuite lecture de renseignements statistiques sur les observatoires d'Allemagne, des États-Unis, d'Angleterre et de Russie, par MM. Lœwy et Wolf.

Il est décidé que ces documents seront imprimés et distribués aux Membres (1).

La Commission charge son Président de la convoquer aussitôt que la Sous-Commission sera en mesure de présenter son Rapport.

Le présent procès-verbal est lu et approuvé.

La séance est levée à 5 heures.

Ch. Delaunay.
J.-A. Serret.

---

(1) *Voir* les Pièces annexées, n°s 10 et 11.

Lettre du Ministre de l'Instruction publique.

A Monsieur DELAUNAY, Président de l'Académie des Sciences.

Paris, 6 juillet 1868.

Monsieur le Président,

Par votre lettre du 21 juin dernier, vous m'avez annoncé que la Commission chargée par l'Académie des Sciences d'examiner la question de la translation de l'Observatoire impérial a décidé que des expériences comparatives seraient faites simultanément à l'Observatoire et en un point convenablement choisi hors Paris, et qu'elle a constitué une Sous-Commission, composée de MM. Laugier, Faye et Villarceau, pour s'occuper spécialement de ces expériences.

Vous m'avez demandé en même temps :

1° D'autoriser la Commission à faire dans l'intérieur de l'Observatoire toutes les observations et expériences qu'elle jugera convenables pour s'éclairer;

2° De permettre à M. Villarceau, qui est chargé de l'installation de la station hors Paris, de faire sortir de l'Observatoire impérial les instruments et appareils nécessaires à ses opérations;

3° De donner à cet Astronome une lettre de recommandation pour M. le Maire de la commune de Fontenay-aux-Roses, sur le territoire de laquelle il doit installer une station d'expériences;

4° Enfin, d'ouvrir à la Commission un crédit de 2500 francs, pour l'aider dans l'accomplissement de ses travaux.

J'ai l'honneur de vous informer que je viens d'écrire à M. le Directeur de l'Observatoire, pour l'inviter à donner à la Commission toutes les facilités désirables pour ses expériences, et que j'ai mis à la disposition de la Commission la somme qu'elle a indiquée, et qui sera ordonnancée au fur et à mesure de ses besoins.

Vous trouverez ci-jointe la lettre de recommandation pour M. le Maire de Fontenay-aux-Roses.

Agréez, Monsieur le Président, l'assurance de ma considération la plus distinguée.

Signé : V. DURUY.

Pour copie conforme :

Ch. Delaunay.

J.-A. Serret.

Deuxième lettre du Ministre de l'Instruction publique.

MINISTÈRE
DE
L'INSTRUCTION PUBLIQUE.

Question de la translation de l'Observatoire impérial.

A Monsieur DELAUNAY, Président de l'Académie des Sciences.

Paris, le 16 juillet 1868.

Monsieur le Président,

J'ai l'honneur de vous informer, en réponse à votre lettre du 11 de ce mois, que je viens d'inviter M. le Directeur de l'Observatoire impérial à vouloir bien autoriser MM. les Astronomes titulaires à assister aux opérations de la Sous-Commission de l'Académie des Sciences, chargée d'étudier la question de la translation de l'Observatoire, lorsque cette Sous-Commission le jugera nécessaire.

Recevez, Monsieur le Président, l'assurance de ma considération très-distinguée.

Le Ministre de l'Instruction publique,

Signé : V. DURUY.

Pour copie conforme :

Ch. Delaunay.
J.-A. Serret.

SÉANCE DU 7 NOVEMBRE 1868.

PRÉSIDENCE DE M. DELAUNAY.

La séance est ouverte à 3 heures.
Sont présents : *MM. Mathieu, Liouville, Laugier, Faye, Delaunay, Yvon Villarceau, Serret, Dumas, Becquerel.*

M. LE PRÉSIDENT rappelle que le procès-verbal de la dernière séance, tenue le 11 juillet, a été lu et approuvé dans cette même séance, et que la Commission a chargé son Président de la convoquer dès que la Sous-Commission nommée dans la séance du 20 juin serait en mesure de présenter son Rapport.

M. LAUGIER, sur l'invitation de M. le Président, prend la parole au nom de la Sous-Commission. « Après avoir reconnu, vers la fin du mois de juin, dit-il, que l'observation du nadir pouvait être faite à Fontenay-aux-Roses, en plein jour, et cela avec la plus grande facilité, la Sous-Commission s'ajourna au mois d'août et elle pria l'un de ses Membres, M. Villarceau, de faire disposer l'échafaudage destiné à supporter la lunette avec laquelle on devait constater la puissance relative de pénétration à l'Observatoire impérial et sur le plateau de Fontenay, plus élevé de 100 mètres au moins. On se rappelle qu'une somme de 2500 francs avait été mise à la disposition de la Commission, sur sa demande, pour faire les essais qu'elle jugerait utiles; mais, après avoir consulté un constructeur, on reconnut que cette somme était insuffisante et que la dépense dépasserait certainement 4000 francs. On était alors au mois d'août, et plusieurs Membres étaient absents de Paris ; la Sous-Commission, avant de passer outre, crut devoir attendre la réunion prochaine de la Commission. La Sous-Commission recule devant une telle dépense, parce qu'elle la juge absolument inutile ; le résultat de l'expérience projetée ne peut être douteux ; il est certain que la puissance *pénétrante* de la lunette serait trouvée plus grande sur le plateau de Fontenay qu'à Paris. »

« Quant au bain de mercure, ajoute M. Laugier, la Sous-Commission, je le répète, a reconnu qu'on pouvait l'obtenir avec facilité à la station de Fontenay-aux-Roses. Le Directeur de l'Observatoire, devant être bientôt de retour à Paris, où se trouvent déjà les Membres de la Sous-Commission, il sera possible de faire, avant la prochaine réunion de la Commission, les expériences provoquées par M. Le Verrier dans la séance du 27 juin. »

M. **Villarceau** adhère à ce qui vient d'être dit par M. Laugier. La dépense nécessaire pour la construction des échafaudages lui paraît superflue. Il vaudrait beaucoup mieux, suivant lui, employer l'argent disponible pour résoudre la question de savoir quelle est la localité qu'on doit choisir.

M. **Delaunay** ajoute que la Sous-Commission a accompli la partie la plus importante de sa mission ; elle a constaté effectivement qu'on pouvait avoir aisément, à quelques kilomètres de Paris, toute la stabilité nécessaire aux observations.

M. **Becquerel** pense que chacun des Membres de la Commission a aujourd'hui son opinion arrêtée, et qu'il y aurait lieu de voter, dès à présent, sur la réponse à faire aux questions posées par le Ministre.

M. **Liouville** demande que la clôture de la discussion générale soit prononcée.

La Commission décide que la discussion générale est close. Elle délibérera dans sa prochaine réunion sur les questions posées dans la lettre ministérielle ; les Membres seront prévenus par lettres de l'objet de la réunion.

La Commission décide ensuite que les procès-verbaux de ses séances seront imprimés pour être distribués à tous les Membres de l'Académie avec les pièces diverses dont l'impression a été votée dans les précédentes séances.

La séance est levée à 4 heures et demie.

Ch. Delaunay.

J.-A. Serret.

SÉANCE DU 22 DÉCEMBRE 1868.

PRÉSIDENCE DE M. DELAUNAY.

La séance est ouverte à 3 heures.
Sont présents : MM. *Mathieu, Liouville, Laugier, Le Verrier, Faye, Delaunay, Élie de Beaumont, Yvon Villarceau, Serret, Becquerel.*

M. Laugier remplit les fonctions de Secrétaire en l'absence de *M. Serret*, qui n'a pu assister à la première partie de la séance.
Le procès-verbal de la séance du 7 novembre 1868 est lu et approuvé.

M. Le Verrier s'excuse de n'avoir pu assister à la séance du 7 novembre. Il était allé à Marseille pour y observer le passage de Mercure sur le Soleil.

M. Faye lit la Note suivante dans laquelle il fait connaître son opinion sur les observations qu'il a faites à l'Observatoire impérial comme Membre de la Sous-Commission :

« Il résulte, *à mon avis*, de nos expériences, les conclusions suivantes :
» 1° Les fils de la lunette murale sont visibles par réflexion sur un bain de mercure, à différentes heures du jour, mais les images sont faibles, diffuses, oscillantes ; elles se déforment à tout instant et s'évanouissent au contact des fils vus directement. L'observation du nadir me semble donc difficile et douteuse à ces heures. En admettant même que les observations faites par nous pendant le jour présentassent un certain degré de concordance, elles seraient loin d'inspirer à l'auteur ce degré de confiance et de satisfaction qui lui permet de compter avec sécurité sur ce qu'il vient de faire.
» 2° Le soir, et pendant la nuit, lorsque la circulation des voitures cesse dans les environs, les trépidations du bain de mercure cessent aussi, et l'observation du nadir devient possible, pourvu qu'il n'y ait pas de vent fort capable d'imprimer une vibration au bâtiment, et par suite au plancher sur lequel repose actuellement le bain de mercure.
» Il n'est donc pas possible d'obtenir le nadir à l'Observatoire de Paris, autrement qu'à de longs intervalles. Toute méthode d'observation qui serait basée sur l'usage continu de ce moyen ne saurait y être appliquée.

» Telle paraît être aussi l'opinion de M. Le Verrier, car notre savant Confrère s'est efforcé de remédier indirectement à ce défaut par l'établissement d'un collimateur placé verticalement sous le cercle mural contre le pilier de l'instrument.

» Quant aux observations par réflexion, nous avons pu constater :

» 1° Que l'Observatoire n'était pas encore pleinement organisé pour ce genre de mesures, mais que l'on s'occupait d'en compléter l'outillage;

» 2° Qu'en temps calme elles sont praticables dans les mêmes limites à peu près que l'observation du nadir.

» En tout état de cause, il importerait, pour ces opérations délicates, que l'observateur fût isolé et tranquille près de son instrument : mais ces conditions ne se trouvent pas réalisées dans la salle actuelle des observations méridiennes, où tous les instruments, avec leurs accessoires, sont placés côte à côte, et se commandent en quelque sorte l'un l'autre. »

M. Laugier déclare qu'il partage l'opinion de M. Faye, en ce qui concerne les observations du nadir, mais il ajoute que les observations des étoiles par réflexion lui ont paru plus difficiles à faire. Les étoiles réfléchies vues dans la lunette du cercle étaient diffuses; parfois le noyau stellaire s'étalait subitement pour former une nébulosité d'un éclat uniforme, sans contours arrêtés, et l'image finissait même par disparaître entièrement. C'est au milieu de ces alternatives qu'il fallait attendre le moment favorable pour effectuer les pointés du fil mobile sur l'étoile. Il s'agit ici d'une étoile circompolaire, ζ Petite Ourse, à son passage inférieur, qui met plusieurs minutes à traverser le champ de la lunette. En résumé, M. Laugier a constaté qu'on peut voir dans la journée les fils réfléchis du réticule, mais que ce n'est que dans la soirée que les pointés offrent assez de sécurité. Quant aux étoiles réfléchies, il s'en faut de beaucoup que les observations qu'il est parvenu à faire lui inspirent la confiance désirable.

M. Yvon Villarceau dit que, tout en adhérant aux conclusions énoncées par MM. Faye et Laugier, il pense qu'elles ne peuvent s'appliquer qu'aux jours mêmes où les observations ont été faites; or, ces jours-là, l'atmosphère était d'un calme extraordinaire; il se peut, en outre, que les conditions extérieures se soient trouvées plus favorables que de coutume, que la boue qui couvrait les rues macadamisées ait amorti le choc des voitures. Ce n'est pas après quelques soirées d'observations que l'on peut arriver à une opinion définitive. Dans l'opinion de M. Yvon Villarceau, il faudrait en quelque sorte séjourner à l'Observatoire, afin d'y répéter les expériences un grand nombre de fois, dans des circonstances atmosphériques très-variées. M. Yvon Villarceau reconnaît qu'on ne peut actuellement proposer à la Commission de prolonger ses observations pendant des mois entiers, et il pense que les déclarations unanimes des Astronomes de l'Observatoire doivent avoir plus de poids que des opinions basées sur des essais de peu de durée.

M. Le Verrier nie que l'état de l'atmosphère fût exceptionnel les jours où la Sous-Commission est venue à l'Observatoire; il rappelle que, pendant la dernière soirée, le vent soufflait avec force. Il y a dans l'année des soirées beaucoup plus belles.

M. Le Verrier ajoute : Pour porter un jugement sur des observations, il faut voir ce qu'elles donnent; or toutes les observations faites par MM. Faye, Laugier, Yvon Villarceau et Le Verrier s'accordent d'une manière remarquable. M. Le Verrier énumère successivement les nombres obtenus pour la collimation zénithale du cercle mural de Gambey, aux différentes heures de la journée, depuis 9 heures du matin jusque dans la soirée. Les plus grandes différences n'atteignent pas une demi-seconde d'arc quand on compare entre eux les nombres obtenus par les divers observateurs; et les déterminations isolées d'un même observateur s'accordent entre elles à un ou deux dixièmes au plus.

Le même accord se manifeste dans les observations des étoiles par réflexion. Ici, M. Le Verrier cite encore des chiffres à l'appui de cette assertion. Il a fait réduire les observations par réflexion qu'il a obtenues au nord et au sud du zénith, ainsi que celles qui ont été effectuées au nord par MM. Faye et Laugier sur les étoiles ζ et ε Petite Ourse, à leur passage inférieur. L'accord des déclinaisons observées avec les Catalogues est très-satisfaisant ; les différences ont toutes le même signe et atteignent au plus 2 secondes, pour les étoiles du nord observées par MM. Faye et Laugier.

M. Le Verrier a étudié depuis peu la question des observations du nadir, auxquelles il n'attache pas, du reste, une très-grande importance. Par suite des dispositions qu'il a adoptées tout récemment, les oscillations du bain de mercure dues à l'action du vent ont disparu. Celles qui sont causées par les mouvements du plancher ont été amorties par les rainures pratiquées sur le fond du vase qui contient le mercure; en sorte que l'on peut aujourd'hui observer le nadir et faire des observations par réflexion pendant le jour et pendant la nuit.

Enfin, dit en terminant M. Le Verrier, dans la journée, je substituerai, s'il y a lieu, un collimateur au bain de mercure, et pendant la nuit, je me servirai du bain de mercure pour vérifier mon collimateur. En outre, les observations par réflexion ne sont pas nécessaires pour étudier les flexions de l'instrument, les collimateurs peuvent suppléer à tout.

M. Le Verrier déclare qu'il donne ses chiffres sous toute réserve : il ne peut répondre des calculs qu'il n'a pas pu faire lui-même, ni vérifier, vu le mauvais état de sa santé.

M. Faye dit qu'il ne s'agit pas en ce moment de discuter les méthodes d'observations, et que l'examen doit porter sur l'état des choses à l'Observatoire impérial ; il fait remarquer que M. Le Verrier lui-même reconnaît implicitement les difficultés qu'offrent les observations du nadir pendant le jour, puisqu'il cherche à remplacer le bain de mercure par un collimateur.

M. Faye ne considère pas, d'ailleurs, l'accord des pointés sur le nadir comme une preuve de leur exactitude, et il rappelle qu'aux moments où il faisait ses observations, il a déclaré expressément qu'il n'en était pas satisfait et qu'il n'oserait en tirer aucun parti ; les images réfléchies des fils sont très-pâles, relativement aux images vues directement, et continuellement déformées ; au moment où le fil mobile est mis en contact avec l'image du fil réfléchi, celle-ci disparaît, et l'observation devient une simple estime ; c'est le même phénomène qui se produit dans les observations des comètes très-faibles, lorsqu'elles approchent des fils horaires, ou que l'observateur cherche à les placer sous le fil mobile.

M. Laugier croit également, et par des motifs analogues, qu'on ne peut conclure la bonté de l'observation qu'il a faite de l'accord que présentent entre eux les divers pointés qu'il a effectués sur ζ Petite Ourse réfléchie. L'accord se rencontrerait-il jusque dans les centièmes de seconde, qu'il n'empêcherait pas ces résultats partiels d'être tous entachés d'une même erreur ; et il paraîtrait, d'après le nombre cité par M. Le Verrier, qu'il en est précisément ainsi ; car M. Laugier ne peut admettre que la différence de 2 secondes entre la déclinaison de ζ Petite Ourse tirée des Catalogues et celle qui a été déduite de son observation soit imputable au cercle de Gambey ; il pense qu'elle doit être en grande partie attribuée à l'observation elle-même.

M. Le Verrier ne partage pas cette opinion. Il croit, au contraire, que, dans les différences qu'il a signalées à la Commission, la plus forte part doit être imputée à l'instrument.

M. Serret demande la parole pour présenter quelques remarques au sujet de la déclaration que vient de faire M. Le Verrier.

D'après M. Le Verrier, dit-il, l'observation du nadir serait possible à toutes les heures, et les observations des étoiles par réflexion pourraient elles-mêmes être exécutées chaque jour à certaines heures. Je ferai d'abord remarquer que les déclarations des Astronomes de l'Observatoire sur cette importante question n'ont pas toujours été, dans le cours de nos discussions, exactement appréciées. Les Astronomes ont été constamment unanimes sur ce point, que l'observation du nadir était possible à certaines heures, mais ils ont affirmé, d'un autre côté, qu'on ne pouvait pas l'exécuter à toutes les heures, ce qui est, à leur avis, l'un des inconvénients graves que présente la situation actuelle de l'Observatoire. M. Le Verrier a fait, *dans la séance du 13 juin, une déclaration qui s'accorde parfaitement avec l'opinion exprimée par les Astronomes.* Non-seulement il a proclamé qu'on ne pouvait pas avoir le bain de mercure à toutes les heures, mais il a même entretenu longtemps la Commission de tentatives infructueuses qui auraient été faites pour éviter l'effet des trépidations. Aujourd'hui M. Le Verrier soutient une opinion toute contraire, et il affirme, non-seulement que le nadir peut toujours être observé, mais encore que les observations par réflexion peuvent être faites, le plus souvent, d'une manière utile. Je m'étonne que des changements si considérables aient pu se manifester dans les conditions de l'Observatoire, depuis les premières déclarations de M. Le Verrier.

Je n'ai pas besoin d'insister longuement sur le but des observations que je viens de présenter. Bientôt nous aurons à faire connaître à l'Académie le résultat de la mission qu'elle nous a confiée; il importe donc de bien déterminer le terrain sur lequel nous nous trouvons, et de ne pas nous exposer au reproche mal fondé d'avoir prêté au Directeur de l'Observatoire des opinions qui ne seraient pas les siennes. Nous sommes placés entre les déclarations unanimes des Astronomes et l'opinion contraire du Directeur de l'Observatoire. Celui-ci, soutenant d'abord l'inutilité du bain de mercure, a concédé qu'on ne pouvait pas l'avoir à l'Observatoire; mais, abandonnant aujourd'hui sa première opinion, il aurait résolu, d'après ses déclarations nouvelles, le problème si longtemps cherché sans succès. Il m'a paru nécessaire de préciser nettement la situation.

Une discussion s'engage à ce sujet entre MM. Le Verrier et Serret.

M. Le Verrier exprime le regret que M. Serret n'ait pas assisté au commencement de la séance, il aurait vu effectivement que des modifications ont été apportées dans les conditions de l'Observatoire, en ce sens que le bain de mercure a été couvert et préservé de l'agitation de l'air ; qu'en outre, des rainures ont été pratiquées dans le vase, ce qui a eu pour effet d'amortir les oscillations du mercure provenant du mouvement du plancher.

M. Yvon Villarceau, d'accord avec MM. Faye et Laugier, regarde la précision des observations nadirales comme étant insuffisante, malgré l'accord des pointés de chaque observateur : pendant le jour les images réfléchies des fils sont extrêmement faibles et conduisent à des erreurs systématiques ; l'accord des pointés d'un même observateur prouve l'habileté de celui-ci, et non pas l'exactitude de ses résultats. Tout ce que vient de dire M. Le Verrier semblerait donner un démenti au témoignage unanime des Astronomes de l'Observatoire, et si les résultats qu'il a apportés à la Commission devaient se maintenir, il en faudrait conclure que les coupures faites récemment dans la rue Saint-Jacques et au boulevard Arago auraient produit un isolement de la salle méridienne relativement à la transmissibilité des vibrations. M. Yvon Villarceau ajoute que le témoignage de ses Collègues est l'expression de l'exacte vérité : que lui-même a constaté maintes fois l'impossibilité des observations nadirales pendant le jour. Quant aux observations des étoiles par réflexion, il pense que la Commission, en les recommandant à la Sous-Commission, n'a pas voulu simplement s'assurer si les pointés étaient praticables ; car la question des vibrations de la surface de mercure est la même pour les étoiles que pour le nadir. La Commission a donc voulu s'assurer si les circonstances relatives à l'état de l'atmosphère, dans la région qu'occupe l'Observatoire, permettent ou non d'utiliser ce genre d'observations. L'accord des pointés d'une même étoile ne peut rien apprendre sous ce rapport : la discussion des moyennes comparées aux déclinaisons tirées des meilleurs Catalogues est nécessaire, il ne faut rien conclure de l'accord dans les centièmes de seconde, que M. Le Verrier fait remarquer dans les pointés, car si les moyennes elles-mêmes pouvaient offrir ce degré d'exactitude, comment expliquerait-on que les valeurs de la latitude déduites de centaines et même de milliers de soirées d'observations laissent encore entre elles des différences qui montent à près d'une seconde?

M. Yvon Villarceau ne pense pas qu'il soit bien utile de prolonger la discussion sur les observations nadirales, attendu que le nadir, fût-il réellement observable, à la suite d'un meilleur isolement de l'Observatoire, il resterait encore assez de motifs sérieux pour recommander au Gouvernement le transfert de l'Observatoire dans l'intérêt de l'Astronomie française.

M. le Président Delaunay lit une Note rédigée par lui, et dans laquelle il résume l'état de la question.

La séance est levée à 5 heures et demie.

Ch. Delaunay.
E. Laugier.

SÉANCE DU 5 JANVIER 1869.

PRÉSIDENCE DE M. DELAUNAY.

La séance est ouverte à 3 heures un quart.
Sont présents : *MM. Mathieu, Liouville, Laugier, Le Verrier, Faye, Delaunay, Élie de Beaumont, Yvon Villarceau, Serret, Dumas, Becquerel.*

M. Delaunay, en ouvrant la séance, rappelle qu'il n'a pris la présidence de la Commission qu'en sa qualité de Président de l'Académie, qualité qu'il n'a plus aujourd'hui ; il croit devoir, en conséquence, demander à la Commission de désigner l'un de ses Membres pour remplir à l'avenir les fonctions de Président.

La Commission, à l'unanimité, invite M. Delaunay à conserver la présidence.

M. Laugier donne lecture du procès-verbal de la séance du 22 décembre 1868; la rédaction de ce procès-verbal est approuvée.

M. Le Verrier prend la parole. Il demande à rectifier d'abord quelques-uns des nombres qu'il a mis sous les yeux de la Commission dans la séance précédente. Il insiste ensuite sur les modifications nouvelles qu'il a introduites dans les observations faites au moyen du bain de mercure. Quand la Sous-Commission vint à l'Observatoire pour la première fois, dit-il, le bain n'était pas couvert; lors de la deuxième visite, le bain fut couvert en partie, mais les *rainures* n'avaient point encore été pratiquées au fond du vase renfermant le mercure. Aujourd'hui les pointés se font au moyen d'un bain rayé, et l'on peut constater qu'il n'y a pas plus d'ondulations sur le mercure qu'il n'y en a dans le Ciel. M. Le Verrier signale quelques-unes des étoiles qu'il a observées : les pointés se faisaient avec la même facilité que dans le Ciel. Il n'y a plus d'ondulations, ajoute M. Le Verrier; les causes d'erreurs dont a parlé M. Laugier n'existent plus. A l'égard des observations faites le 19 décembre par la Sous-Commission, il ne faut pas oublier que le bain n'était pas rayé; l'observation de ζ de la Petite-Ourse faite par M. Le Verrier n'a pas de sens : il y a là 4 secondes d'erreur quand on la compare aux autres. M. Le Verrier met sous les yeux de la Commission plusieurs séries d'observations fournissant, suivant lui, les résultats les plus satisfaisants. Au moyen de sept étoiles, il a conclu pour la latitude du cercle le chiffre 48°50′11″,3, ce qui est la valeur déduite par M. Laugier d'un grand nombre d'observations faites par lui en 1852, et, en rapportant toutes les étoiles à la moyenne, on n'obtient pour les corrections des observations que des quantités s'élevant à quelques centièmes de seconde. Il n'y a pas d'observations directes, dit M. Le Verrier, qui donnent de meilleurs résultats.

M. Le Verrier nie avoir changé d'avis, comme le lui a reproché M. Serret; il répond ensuite à des paroles de M. Laugier relatives aux trépidations. Il n'y a plus, dit-il, d'oscillations dans les images; il reste encore des trépidations, mais qui ne déplacent pas le centre de l'image. L'horizon est donné le même, le jour et le soir; en employant le nadir et la polaire d'une part, la polaire réfléchie d'autre part, on a obtenu des résultats qui concordent à deux dixièmes de seconde près : ce sont là de bonnes observations. M. Le Verrier cite d'autres observations qu'il a faites d'étoiles plus faibles; il faisait du vent, mais le bain était couvert. M. Le Verrier donne les résultats de trois pointés très-beaux et très-concordants.

Vous m'avez dit, continue M. Le Verrier en s'adressant à M. Faye, que je n'avais pas confiance dans mon nadir, parce que je faisais installer un collimateur. Mais cela n'est pas exact : je donne deux solutions au lieu d'une. J'ai fait établir un collimateur dans les caves : ce collimateur fonctionne bien; un seul pointé donne le résultat nécessaire, et l'on a la vérification quand on veut, avec le bain de mercure, ce qui est tout ce que l'on peut désirer.

M. Le Verrier conclut en répétant que le bain de mercure a été amélioré au point de vue des ondulations, d'une part en le préservant des agitations de l'air par une couverture, et d'autre part en pratiquant des rainures au fond du vase; quant aux erreurs constantes, dit M. Le Verrier, si l'on veut en parler, il faut les démontrer. Le nadir peut s'observer à toute heure du jour : il est bien entendu qu'il n'est pas question des cas où il y a tempête. En outre, un collimateur a été établi qui peut suppléer ou contrôler le bain de mercure.

M. Yvon Villarceau demande la parole. M. Le Verrier, dit-il, a déclaré que M. Yvon Villarceau pensait qu'on ne pouvait résoudre en quelques séances la question du bain de mercure; que des semaines, des mois, une année peut-être seraient nécessaires....

M. Le Verrier, *interrompant*, déclare que ses observations résolvent suffisamment la question.

M. Yvon Villarceau, *continuant*, fait remarquer que les conditions actuelles relatives à la température et à l'état du sol sont des plus favorables, et que les opérations auraient besoin d'être recommencées dans des conditions atmosphériques différentes.

M. Le Verrier répond à M. Yvon Villarceau qu'il peut être tranquille, et que les opérations seront continuées.

M. Serret demande la parole. D'après les déclarations de M. Le Verrier, dit-il, les conditions de l'Observatoire seraient aujourd'hui profondément modifiées; je tiens à le répéter, et j'ajoute que ces conditions auraient été modifiées postérieurement aux témoignages des Astronomes de l'Observatoire que la Commission a jugé indispensable d'appeler dans son sein. Ces témoignages sont, à mon avis, l'élément d'information le plus précieux que nous possédions; il serait donc très-important de savoir si les Astronomes de l'Observatoire persistent dans leurs premières déclarations, et de connaître leur opinion sur les modifications dont M. Le Verrier a entretenu la Commission.

M. Le Verrier déclare que, par cette manière de faire, M. Serret veut rendre l'Observatoire impossible.

M. Becquerel ajoute que la proposition de M. Serret est injurieuse pour le Directeur de l'Observatoire. —

M. Serret répond à M. Le Verrier qu'il lui est absolument impossible de comprendre son observation. Il ne s'explique pas comment des informations prises auprès de savants éminents tels que les Astronomes de l'Observatoire pourraient avoir la conséquence signalée par M. Le Verrier. Quant à ce qu'a ajouté M. Becquerel, M. Serret le comprend encore moins. Ce qu'il comprend, c'est qu'il a une mission à remplir, et que sa conscience lui impose le devoir de chercher la vérité. Au surplus, ajoute M. Serret, je ne demande pas que les Astronomes de l'Observatoire soient appelés de nouveau dans le sein de la Commission; il nous suffit de connaître leur sentiment, et puisque nous sommes assez heureux pour avoir l'un d'eux, M. Yvon Villarceau, parmi nous, il nous serait très-facile d'obtenir par lui les renseignements que je désire.

M. Yvon Villarceau répond qu'il ne peut que répéter ce qu'il a dit il y a peu d'instants. Il y a amélioration dans le bain de mercure, mais les expériences qui ont été faites sont insuffisantes pour conclure.

M. Le Verrier met sous les yeux de la Commission de nouveaux chiffres. On n'est plus obligé, dit-il, d'attendre pour pointer. Je suis aux ordres de la Commission; elle peut venir, quand elle le voudra, à l'Observatoire.

M. Faye fait remarquer qu'il n'y a aucune contradiction entre les plaintes exprimées par les Astronomes de l'Observatoire et le Rapport de la Sous-Commission. Il n'y a qu'à applaudir aux efforts de M. Le Verrier pour améliorer les conditions de l'Observatoire.

M. Liouville, revenant sur ce qu'a dit M. Serret, demande quels inconvénients il y aurait à ce que les Astronomes de l'Observatoire fussent rappelés devant la Commission. Les circonstances ont changé, dit M. Liouville en s'adressant à M. Le Verrier, et vous ne voulez pas qu'ils changent avec les circonstances!

M. Le Verrier. Ils ne changeront pas!

M. Liouville s'élève avec énergie contre cette affirmation et demande formellement que les Astronomes de l'Observatoire soient rappelés. Un débat s'établit entre lui et M. Le Verrier.

M. Laugier dit qu'il appuie la proposition de M. Liouville, d'entendre de nouveau les Astronomes de l'Observatoire.

M. Élie de Beaumont demande que le Président donne lecture des questions posées par le Ministre, et que l'on aille ensuite aux voix.

M. Le Verrier ne croit pas qu'il soit possible de procéder de cette manière.

M. le Président donne lecture de la Lettre du Ministre. Il ajoute que trois questions sont posées dans cette Lettre, mais que chacune des deux premières est exclusive des deux autres. Si donc l'une de ces deux premières questions était résolue par l'affirmative, il n'y aurait pas lieu d'aller plus loin.

M. Dumas demande la parole. La position de la question, dit-il, a une grande importance. C'est une grosse question que vous voulez décider immédiatement. A côté des solutions qui consisteraient, l'une à transférer l'Observatoire, l'autre à demeurer dans les conditions actuelles, il y a une solution intermédiaire d'après laquelle, comme l'a dit M. Becquerel, l'Observatoire serait maintenu avec une succursale dans les environs de Paris.

M. Dumas ajoute que voter le transfert serait, à ses yeux, résoudre une question théorique que sa conscience ne lui permet pas de décider.

M. Serret pense qu'il n'existe pas de question plus exclusivement pratique, plus complétement débarrassée de considérations théoriques, que celle qui s'agite devant la Commission. Tous les observatoires de l'Europe et de l'Amérique ont été construits ou transférés hors des villes; deux d'entre eux seulement, ceux de Berlin et de Washington, ne le sont pas encore. C'est là assurément de la pratique, et nous devons profiter de cette expérience. L'Observatoire impérial de France est dans un état d'exception, et il s'agit de savoir si nous devons le maintenir dans cette exception.

M. Dumas répond que la décision qui sera prise à l'égard de la première des questions posées par le Ministre peut tout engager. Les conditions de l'Observatoire sont déjà très-difficiles, mais elles le deviendront bien davantage si, en vue de la construction ultérieure d'un nouvel Observatoire, le Gouvernement entreprend de disposer d'une partie des terrains qui dépendent de l'Établissement actuel.

M. Serret réplique que, dans sa pensée, les conditions actuelles doivent être maintenues jusqu'au moment où un nouvel Observatoire aura été édifié. Il n'est pas possible d'entendre les choses d'une autre manière. Je crois, ajoute M. Serret, qu'il importe à l'honneur scientifique de la France que l'Observatoire impérial soit constitué de manière qu'on y puisse exécuter tous les travaux qu'exigent les besoins de l'Astronomie : c'est pourquoi la nécessité de la translation est, à mes yeux, une chose évidente. Quant à l'Observatoire actuel, je ne demande en aucune façon sa suppression. On pourra, si l'on veut, le constituer à l'état d'observatoire municipal, car personne ne conteste que l'on n'y puisse exécuter certains travaux d'une manière utile. On pourra également y maintenir la résidence du Bureau des Longitudes et l'utiliser des diverses manières dont a parlé, dans sa Lettre, S. Exc. le Ministre de l'Instruction publique.

M. Dumas pense que le Ministre n'entend pas les choses de la même manière que M. Serret.

M. Becquerel ajoute que si l'on construit une succursale dans les environs de Paris, ainsi que des logements dans l'établissement actuel, pour les Astronomes, on donnera toute satisfaction aux plaintes qui se sont produites.

M. Dumas appelle l'attention de la Commission sur cette phrase de la Lettre du Ministre : « Dans ce cas, l'Observatoire n'aurait plus besoin de s'isoler avec tant de soin... » Dans la pensée de M. Dumas, cette phrase justifierait les craintes qu'il a manifestées et que ne partage pas M. Serret.

M. Serret répète que tant que l'Observatoire impérial n'aura pas été reconstruit, sa situation actuelle doit être complétement respectée.

M. Dumas répond qu'il est alors nécessaire de s'expliquer.

M. Faye est d'avis que les plaintes des Astronomes sont légitimes, et qu'il importe d'y donner satisfaction. D'après lui, il faut demander la construction d'une succursale et maintenir l'Observatoire impérial à Paris. M. Faye a résumé son opinion dans la Note suivante, dont il donne lecture à la Commission :

« Considérant que les Astronomes de l'Observatoire impérial se plaignent tous des conditions matérielles qu'ils rencontrent dans cet Établissement;

» Que la situation de l'Observatoire au sein de la capitale est défavorable à certains égards et le deviendra de plus en plus;

» Que l'on n'y peut donner aux salles méridiennes l'extension nécessaire;

» Qu'il est impossible d'y employer de puissants instruments extra-méridiens;

» Que la place manque pour loger les observateurs;

» Considérant que M. le Directeur a reconnu depuis longtemps, à certains égards, le bien-fondé de ces plaintes, et qu'il a pris lui-même l'initiative de remédier en partie aux inconvénients actuels, soit en indiquant le dérasement de l'étage supérieur de l'Observatoire, soit en provoquant la création d'une succursale à Marseille et en y plaçant de puissants télescopes dont on ne pourrait se servir à Paris;

» Considérant que cette dernière combinaison ne donne pas satisfaction aux Astronomes de Paris, et que d'ailleurs la France est, par rapport aux pays voisins, dans un état d'infériorité regrettable quant au nombre des Établissements astronomiques;

» J'opine, avec M. Becquerel, pour la création d'une succursale près de Paris, à l'abri des trépidations du sol, des brumes, des poussières et de l'illumination nocturne de l'atmosphère parisienne, et des déviations imprimées aux couches d'air par le voisinage de bâtiments trop massifs;

» Je demande que cette succursale soit suffisamment isolée au milieu d'une propriété territoriale de quelque étendue;

» Qu'elle soit pourvue de salles méridiennes convenables pour les observations les plus précises;

» Qu'on y puisse établir de puissants instruments extra-méridiens;

» Qu'on y élève les bâtiments nécessaires pour loger les observateurs;

» Que dans la construction de ces bâtiments, on ait égard avant tout aux exigences de l'*Astronomie d'observation;*

» Je pense qu'il faut rendre la succursale actuelle de Marseille à son indépendance première, et conserver à Paris, capitale non-seulement politique, mais scientifique de la France, son Observatoire actuel, tout en limitant l'activité de cet établissement aux genres d'observation que l'on pourrait encore y entreprendre utilement. »

M. Le Verrier soutient l'utilité de la succursale de Marseille. Le grand télescope de Foucault demeurait sans emploi, dit-il, à Paris, et il a rendu de grands services à Marseille.

M. Serret partage l'opinion déjà émise par plusieurs de ses Confrères savoir : que l'Observatoire impérial ne doit point avoir de succursale.

M. Liouville ajoute que ce qui l'a le plus frappé, c'est la nécessité de séparer les Observatoires. C'est la mort de la science, dit-il, que la science mise sous une même main.

M. Le Verrier dit qu'il n'a jamais demandé qu'une seule chose : une succursale. C'est le Gouvernement qui lui a imposé Marseille. Il ajoute qu'il a remonté l'Observatoire de Marseille.

M. le Président rappelle à la Commission qu'elle a décidé dans l'avant-dernière séance la clôture de la discussion générale; il l'invite à procéder au vote. Il y a trois solutions, dit-il : 1° *Translation de l'Observatoire impérial en un lieu voisin de Paris;* 2° *Maintien de l'Observatoire à Paris avec une succursale près de Paris;* 3° *Maintien pur et simple de l'Observatoire impérial à Paris.*

La Commission procède au vote.

M. le Président dépouille le scrutin, dont voici le résultat :

6 bulletins portent : *Translation en un lieu voisin de Paris;*
1 » porte : *Création d'une succursale près de Paris;*
3 » portent : *Maintien à Paris; logements à Paris pour les Astronomes, succursale près de Paris;*
1 « porte : *Conservation de l'Observatoire impérial à Paris. L'Observatoire a une succursale à Marseille.*

M. le Président, après avoir fait connaître le résultat du scrutin, proclame que la Commission, conformément à l'opinion de la majorité, proposera à l'Académie de répondre au Ministre qu'IL Y A LIEU DE TRANSFÉRER L'OBSERVATOIRE IMPÉRIAL EN UN LIEU VOISIN DE PARIS.

M. Le Verrier déclare qu'il a voté pour le maintien pur et simple de l'Observatoire à Paris, mais qu'il se rallie aux quatre voix qui ont demandé l'établissement d'une succursale près Paris.

M. le Président invite la Commission à désigner par la voie du scrutin celui de ses Membres qui sera chargé de la rédaction du Rapport qu'elle doit présenter à l'Académie.

Au premier tour de scrutin, les 11 Membres de la Commission ayant pris part au vote,

M. Faye obtient. . . . . . . 4 suffrages.
M. Serret 4   »
M. Delaunay 2   »
M. Becquerel 1   »

Aucun des Membres de la Commission n'ayant réuni la majorité des suffrages, il est procédé à un deuxième tour de scrutin. MM. Faye et Serret déclarent qu'ils ne prendront pas part au vote; le nombre des votants étant réduit à 9,

M. Serret obtient. . . . . . 5 suffrages.
M. Faye 4   »

En conséquence, **M. Serret** est nommé Rapporteur de la Commission.

La Commission invite son Président à la convoquer dès que M. Serret sera en mesure de lui soumettre son Rapport.

La séance est levée à 5 heures un quart.

Ch. Delaunay.
J.-A. Serret.

SÉANCE DU 23 JANVIER 1869.

PRÉSIDENCE DE M. DELAUNAY.

La séance est ouverte à 3 heures et demie.

Sont présents : MM. Mathieu, Liouville, Laugier, Faye, Delaunay, Elie de Beaumont, Yvon Villarceau, Serret, Becquerel.

Le procès-verbal de la séance du 5 janvier 1869 est lu et approuvé.

M. SERRET rappelle que la Commission a décidé l'impression de onze pièces destinées à être distribuées aux Membres de l'Académie, avec les procès-verbaux de ses séances. Il n'est pas inutile d'ajouter, dit M. Serret, que, pour avoir un ensemble complet des documents relatifs aux questions étudiées par la Commission, il faudrait joindre aux pièces ci-dessus mentionnées les deux articles que M. Yvon Villarceau a présentés à l'Académie dans les séances des 23 et 30 décembre 1867 et qui traitent *de la nécessité du transfert de l'Observatoire impérial et du rôle d'une succursale de cet Observatoire*. Les Notes de M. Yvon Villarceau ayant été insérées dans les *Comptes rendus* où chacun pourra en prendre connaissance, il n'y avait pas lieu de les réimprimer, mais il est bon qu'elles soient mentionnées comme faisant partie des pièces sur lesquelles nous appelons l'attention de l'Académie.

MM. ÉLIE DE BEAUMONT et BECQUEREL déclarent à l'occasion du vote qui a eu lieu, dans la dernière séance, que dans leur opinion, chaque Astronome doit avoir son logement, tant dans la succursale qu'à l'Observatoire de Paris.

M. LE PRÉSIDENT invite M. Serret à communiquer à la Commission le Rapport dont il a été chargé.

M. SERRET donne lecture du Rapport qu'il a rédigé.

M. LE PRÉSIDENT met aux voix l'adoption du Rapport. Le Rapport est adopté à l'unanimité.

M. LE PRÉSIDENT annonce que la Commission ayant terminé ses travaux, il en sera donné avis au Président de l'Académie.

Le présent procès-verbal est lu et approuvé.

La séance est levée à 6 heures un quart.

CH. DELAUNAY.

J.-A. SERRET.

RAPPORT

DE

LA COMMISSION A L'ACADÉMIE.

(M. J.-A. SERRET RAPPORTEUR.)

Par une Lettre en date du 17 avril 1868, le Ministre de l'Instruction publique a saisi l'Académie des Sciences d'une question qui intéresse au plus haut degré l'avenir de l'Astronomie française. Il s'agissait en effet d'examiner, conformément aux intentions de Son Excellence :

1° *Si l'Observatoire impérial peut rester où il se trouve, sans détriment pour les observations astronomiques ;*

2° *Si, dans l'intérêt de la science, il vaudrait mieux le transférer* (1), *comme il a été fait en Angleterre et en Russie, hors de la capitale, en un lieu où l'on aurait pour les instruments un sol plus stable, pour les observations une atmosphère plus calme et moins brumeuse, un ciel sur lequel ne seraient pas projetées des lueurs gênantes, ainsi qu'il arrive à Paris par l'éclairage nocturne des grandes voies ;*

3° *S'il ne faudrait pas préférer un système mixte qui permettrait de conserver ce monument de Louis XIV, auquel se rattachent de glorieux souvenirs.*

---

(1) L'Observatoire royal d'Angleterre a été fondé en 1775 et établi immédiatement dans le parc de Greenwich ; l'Observatoire central de Russie a été transféré de Saint Pétersbourg à Poulkowa en 1839.

(58)

L'Académie a décidé, dans la séance du 1er juin 1868, que l'étude de cette question si considérable serait confiée à une Commission composée des six Membres de sa Section d'Astronomie et de cinq autres Membres nommés au scrutin et librement choisis dans son sein. L'élection de ces cinq Membres ayant eu lieu dans la séance suivante, la Commission, définitivement constituée le 8 juin, se réunissait dès le 11 du même mois et commençait à s'occuper de l'œuvre difficile qui lui était demandée.

Après sept mois d'études approfondies, la Commission a aujourd'hui terminé ses travaux, et je viens en son nom faire connaître à l'Académie les résultats de l'enquête à laquelle elle s'est livrée.

Il convient d'abord de rappeler les circonstances à la suite desquelles est intervenue la demande du Ministre. La Lettre de Son Excellence était accompagnée d'un document fort important, je veux parler d'un extrait du Rapport de la Commission instituée par le Ministre en 1867, en exécution du Décret du 30 janvier 1854, pour lui rendre compte de la situation et des besoins de l'Observatoire impérial. Cette Commission, dans laquelle figuraient plusieurs Membres de l'Académie, n'avait pas hésité à proposer l'adoption de la mesure radicale du transfert de l'Observatoire impérial en un lieu voisin de Paris, mesure qu'elle considérait comme indispensable pour les progrès de la science astronomique en France. Une telle conclusion ne pouvait manquer d'arrêter l'attention du Gouvernement; mais le Ministre de l'Instruction publique jugea qu'une question de cette importance est du nombre de celles qu'il n'appartient qu'à l'Institut impérial de résoudre, et il vint faire appel, comme il le dit dans sa Lettre, aux lumières et au dévouement de l'Académie des Sciences.

Ce n'était pas la première fois que les conditions fâcheuses dans lesquelles se trouve placé l'Observatoire étaient signalées au Gouvernement. Elles l'avaient été, dès l'année 1854, par la Commission chargée d'élaborer à cette époque un projet de réorganisation de l'Observatoire, et notre illustre Confrère M. le Maréchal Vaillant, Président et Rapporteur de cette Commission, avait présenté un exposé de la situation que la Commission de 1867 jugea utile de rappeler dans le Rapport qu'elle adressa elle-même au Ministre au commencement de l'année 1868. Cet exposé, reproduit dans la pièce annexée à la Lettre écrite par Son Excellence à l'Académie, devait vivement impressionner votre Commission au début de ses travaux; il précisait en effet d'une manière remarquable les questions qu'il y avait à examiner pour éclairer l'Académie et la mettre en mesure de décider quelle réponse il convient de faire à la demande du Gouvernement. Aussi croyons-nous indispensable de mettre de nouveau sous les yeux de l'Académie cet important document, qui peut être regardé comme la préface de l'œuvre que nous devions accomplir. Voici en quels termes s'exprimait M. le Maréchal Vaillant, en 1854, au nom de la Commission qu'il présidait et qui comptait parmi ses Membres, Biot, Binet et notre Confrère M. Le Verrier, Directeur actuel de l'Observatoire impérial :

« La situation de l'Observatoire, au sein de la capitale, dans une atmo-
» sphère viciée et sur un sol agité, est un inconvénient auquel échappent
» et l'Observatoire de Greenwich et celui de Saint-Pétersbourg depuis
» qu'on l'a rebâti, il y a quinze ans, à quatre lieues de cette dernière ville.
» Les trépidations du sol sont incompatibles avec l'emploi d'instruments
» dont la première condition est la stabilité, et le funeste effet de ces
» ébranlements extérieurs se fait d'autant plus sentir qu'on amplifie davan-
» tage le pouvoir grossissant des instruments et qu'on les place sur des
» constructions plus élevées.

» Si la Commission ne demande pas la translation de l'Observatoire,
» c'est qu'elle espère que les inconvénients signalés pourront être atténués
» ou détruits par quelques dispositions bien conçues, prises soit à l'inté-
» rieur même de l'Établissement, soit dans le voisinage de son périmètre,
» où il sera nécessaire de macadamiser les rues. Toutefois, comme rien ne
» saurait remédier au défaut de transparence de l'atmosphère, elle fait
» remarquer que l'abandon du grand bâtiment central, si improprement
» appelé l'Observatoire, ne causerait aucun regret aux amis de l'Astrono-
» mie. L'imagination du public a beau y voir le sanctuaire de cette science,
» la vérité est qu'on n'y a jamais fait d'observations suivies. Cette masse
» monumentale est même si complétement impropre à un tel office, que
» son seul emploi a consisté jusqu'ici à servir d'habitation aux Astronomes,
» et Dieu sait comment on est parvenu à pratiquer quelques logements
» incommodes et insuffisants dans ce donjon dont les épaisses murailles ne
» se prêtent pas plus aux exigences de la vie domestique qu'à l'installation
» des instruments de précision.... »

L'attention du Gouvernement avait été appelée de nouveau sur la situation de l'Observatoire par M. Le Verrier lui-même, dans le Rapport que celui-ci adressa au Ministre de l'Instruction publique en décembre 1854, Rapport qui a été imprimé en tête du premier volume des *Annales de l'Observatoire*. Après avoir rappelé les inconvénients que présente la situation de l'Établissement et indiqué des moyens de les atténuer, notre Confrère n'hésitait pas à conclure qu'il fallait se résigner à ne voir à tout jamais dans l'Observatoire de Paris qu'un établissement de *deuxième ordre*. Voici en quels termes s'exprimait M. Le Verrier (*Annales de l'Observatoire*, t. I, p. 21 et 22):

« Si nous cherchons présentement à nous rendre compte des chan-
» gements que les améliorations dont nous avons reconnu la nécessité
» réclameraient dans les instruments méridiens et dans les constructions
» qui s'y rapportent, nous pourrons classer ces changements en deux
» catégories.

» Isoler les piliers, les garantir contre les variations brusques de tempé-
» rature, rendre plus stables la collimation et la situation de l'axe de la
» lunette méridienne, accroître le pouvoir optique de l'un des cercles,
» pourvoir les instruments de collimateurs, sont des travaux exécutables
» sans de trop fortes dépenses, et au moyen desquels l'Observatoire de-
» viendra un bon observatoire de *second ordre*.

» Mais entreprendre de refaire avec les dispositions actuelles un obser-
» vatoire de *premier ordre*, ce qui exigerait qu'on rectifiât les fondations
» et qu'on en fît de nouvelles pour les collimateurs, qu'on modifiât com-
» plétement la construction de la salle elle-même, qu'on accrût enfin le
» pouvoir des instruments en même temps qu'on y introduirait des mo-
» difications mécaniques, c'est-à-dire, en un mot, *tout changer*, construc-
» tions et instruments, constituerait une entreprise qui donnerait beau-
» coup plus de peine et coûterait beaucoup plus cher qu'une construction
» nouvelle. »

Les deux documents sur lesquels nous venons d'appeler l'attention de l'Académie ont assurément une importance considérable, en raison de la haute autorité de ceux de nos Confrères dont ils émanent. Ils constituaient un premier élément d'informations pour votre Commission ; mais celle-ci a voulu constater elle-même, par tous les moyens dont elle pouvait disposer, la réalité des inconvénients signalés et rechercher soigneusement si ces inconvénients avaient pu être atténués ou si, au contraire, ils s'étaient aggravés, comme le faisait craindre l'avis transmis par le Ministre à l'Académie. Enfin, pour achever de remplir la mission qui nous était confiée, nous avions à examiner la situation des divers observatoires étrangers et à étudier les conditions générales auxquelles doivent satisfaire les établissements de premier ordre, comme doit être l'Observatoire impérial de France.

Non-seulement la Commission a rempli scrupuleusement le programme que je viens de tracer, mais elle a pensé qu'en raison de l'importance de la question qu'elle avait à traiter, elle devait à l'Académie autre chose qu'un simple Rapport résumant ses impressions et sa conclusion finale. Elle a décidé que les procès-verbaux de ses séances seraient imprimés, pour être distribués à tous les Membres de l'Académie, avec les communications du Ministre et diverses pièces annexées, renfermant des Notes rédigées les unes par les Astronomes de l'Observatoire, les autres par ses propres Membres, et relatives aux discussions qui se sont produites dans ses réunions. Nous mettons donc sous les yeux de l'Académie la suite non interrompue de nos travaux. Chacun de nos Confrères pourra suivre la Commission jour par jour et se placer en réalité exactement dans les mêmes conditions que s'il eût assisté à nos séances ; il aura ainsi, pour former sa conviction, tous les éléments d'informations qui nous ont servi pour établir la nôtre et que je suis chargé de résumer dans ce Rapport.

Plusieurs des Membres de la Commission avaient fait partie du personnel astronomique de l'Observatoire avant 1854, et l'un d'eux figure aujourd'hui encore parmi les Astronomes titulaires de cet établissement. Mais les premiers, qui déjà, antérieurement à 1854, avaient été forcés de compter avec les difficultés de la situation, ne pouvaient cependant se faire une idée exacte de la gravité des conditions actuelles. D'un autre côté, notre Confrère M. Yvon Villarceau, qui, le 23 décembre 1867, avait déjà soulevé spontanément devant l'Académie la question du transfert, qu'il présentait comme une impérieuse nécessité, et qui persistait à soutenir énergiquement son opinion, nous déclarait, dans notre première réunion, qu'il avait cessé, depuis près de six ans, de participer aux observations régulières de l'Observatoire impérial. Dans un tel état de choses, la Commission jugea qu'il convenait avant tout d'inviter les Astronomes de l'Observatoire impérial à se présenter dans son sein et à lui faire connaître leur opinion à l'égard des plaintes qui s'étaient produites.

La Commission a entendu successivement les déclarations de MM. Lœwy, Wolf et Marié-Davy. Tous les trois sont bien connus de l'Académie, qui me permettra de lui rappeler que j'ai eu récemment l'honneur d'exposer devant elle les titres scientifiques des deux premiers, à l'occasion d'une candidature à une place vacante de Membre du Bureau des Longitudes. Les témoignages de ces Astronomes sont identiques ; ils ont été reproduits et développés par eux, dans des Notes qui font partie des pièces annexées aux procès-verbaux de nos séances, et dont l'Académie pourra prendre connaissance. Ces témoignages de savants désintéressés, qui aiment passionnément leur science et qui sollicitent avec ardeur des conditions meilleures, en faisant violence à leurs convenances personnelles, ne pouvaient laisser subsister aucun doute sur la situation fâcheuse de notre premier établissement astronomique; il importe de préciser ici cette situation.

D'après les déclarations des Astronomes titulaires de l'Observatoire, au nombre desquels figure, comme je l'ai déjà dit, notre Confrère M. Yvon Villarceau, les inconvénients que présente l'établissement sont de deux sortes. Les uns résultent de la disposition et de la faible étendue du terrain, ainsi que des constructions existantes; les autres sont inhérents à la situation même de l'Observatoire dans l'intérieur d'une grande ville, et à sa faible élévation au-dessus de la vallée de la Seine.

Parmi ces inconvénients, il en est deux sur lesquels il serait superflu d'insister, malgré leur importance, et que je me bornerai à mentionner. Je veux parler : 1° de l'impossibilité de loger les Astronomes près des locaux consacrés aux observations; 2° de l'impossibilité d'installer convenablement des instruments de grandes dimensions et d'une grande puissance. C'est sur les circonstances locales que nous devons surtout appeler l'attention de l'Académie, en raison des erreurs de natures diverses qu'elles occasionnent dans les observations de précision, et des entraves qu'elles apportent à l'exécution même de ces observations. Nous devons signaler surtout :

1° Le défaut d'horizontalité des couches d'air d'égale densité;

2° Le défaut de transparence de l'air, provenant des fumées et des poussières de Paris, ainsi que des vapeurs répandues dans les couches inférieures de l'atmosphère;

3° L'illumination du ciel, produite par l'éclairage de la ville, et notamment par les nombreux becs de gaz placés dans le voisinage de l'Observatoire;

4° L'ébranlement du sol, occasionné par le roulement des voitures.

Les inconvénients qui résultent du mauvais état de l'atmosphère sont assurément les plus funestes, car il est de toute impossibilité d'y apporter remède. Le défaut d'horizontalité des couches d'air d'égale densité a pour effet de produire des réfractions anormales, d'où résultent dans les observations des erreurs tant accidentelles que systématiques, et de donner lieu souvent à des ondulations particulières et à des diffusions dans les images des étoiles. Cette fâcheuse influence de l'atmosphère de Paris a été longuement étudiée dans nos réunions, comme on le voit par les procès-verbaux de nos séances; elle ne saurait être révoquée en doute.

Le défaut de transparence de l'air n'a pas de moindres inconvénients, car il en résulte l'impossibilité de faire usage de forts grossissements. Il n'est pas possible à l'Observatoire impérial de dépasser les grossissements de 400 fois, pour l'étude des astres, tandis que partout ailleurs on peut employer des grossissements beaucoup plus considérables. Ce fait certain et bien constaté suffit, comme l'ont fait ressortir les Astronomes de l'Observatoire, pour démontrer l'état particulier et exceptionnel de l'atmosphère de Paris.

Quant à l'illumination d'un ciel vaporeux par les lumières de la ville, son influence se manifeste dans un grand nombre de recherches; elle augmente considérablement les difficultés déjà grandes que présente l'observation des astres faibles, tels que les nébuleuses et certaines comètes, quand elle n'empêche pas absolument de telles observations.

Enfin les trépidations du sol viennent ajouter encore aux difficultés de la situation, en ne permettant pas de faire usage facilement et à toute heure d'un bain de mercure, pour la détermination de la verticale et pour les observations des étoiles par réflexion. Cette question du bain de mercure est une de celles qui ont été le plus agitées dans la Commission. Il n'en pouvait être autrement; car si les défauts de l'atmosphère sont certainement irrémédiables, il n'est pas évident qu'il en soit de même à l'égard des trépidations du sol, et l'on devait se demander s'il ne serait pas possible de soustraire le bain de mercure à leur effet nuisible. En outre, une opinion s'est produite dans la Commission, opinion qui a été partagée par le Directeur de l'Observatoire, et d'après laquelle le bain de mercure ne serait pas nécessaire et pourrait être suppléé par l'emploi des niveaux et des collimateurs. La majorité de la Commission n'a pu se ranger à cet avis; elle a pensé, avec les Astronomes de l'Observatoire, que le bain de mercure est indispensable pour la détermination du nadir, à toutes les heures du jour et de la nuit, et que les observations des étoiles par réflexion ne le sont pas moins, par la raison qu'aucune autre méthode pour déterminer les erreurs dues aux flexions des lunettes n'a jamais été mise en pratique dans aucun observatoire.

Dans l'une de nos premières séances, le 13 juin 1868, notre Confrère M. Le Verrier avait déclaré qu'on ne pouvait pas avoir le bain de mercure avec certitude, à toutes les heures, à l'Observatoire de Paris, et, à l'appui de sa déclaration, il avait présenté à la Commission un exposé des tentatives infructueuses faites pendant plusieurs années pour soustraire le bain à l'effet des trépidations. En présence d'un tel aveu, qui venait corroborer les témoignages unanimes des Astronomes de l'Observatoire impérial, la

Commission ne pouvait conserver aucun doute. Mais il restait à examiner si, pour pouvoir faire usage du bain de mercure, il serait nécessaire de s'éloigner beaucoup de la capitale. Pour s'éclairer sur ce point, la Commission chargea une Sous-Commission, composée de MM. Laugier, Faye et Yvon Villarceau, de faire des essais sur le bain de mercure dans une station voisine de Paris. La Sous-Commission se transporta à Fontenay-aux-Roses, et le résultat des expériences qu'elle fit dans cette localité fut tel qu'il y avait lieu de l'espérer. Il est établi d'une manière incontestable, par ces expériences, qu'il suffit de s'éloigner à quelques kilomètres de Paris pour avoir la stabilité nécessaire.

Pendant que la Sous-Commission exécutait à Fontenay-aux-Roses les expériences dont elle avait été chargée, M. Le Verrier reprenait de son côté l'étude de la question des observations par réflexion, et, revenant sur ses premières déclarations, il affirmait, le 27 juin, devant la Commission, qu'il était possible de faire usage du bain de mercure à l'Observatoire de Paris, tant pour la détermination du nadir que pour les observations des étoiles par réflexion. En même temps, il engageait la Commission à venir à l'Observatoire pour y faire toutes les vérifications qu'elle jugerait utiles. Dans cette situation nouvelle, la Commission pria la Sous-Commission qu'elle avait précédemment instituée de se rendre à l'Observatoire, et d'y constater l'état des choses à l'égard des observations par réflexion. M. Faye, rapporteur de la Sous-Commission, nous a déclaré que, des expériences exécutées sur la demande de M. Le Verrier, résultait cette conséquence :

Qu'il n'est pas possible d'obtenir le nadir à l'Observatoire de Paris, autrement qu'à de longs intervalles, et que toute méthode d'observation qui serait basée sur l'usage continu de ce moyen ne saurait y être appliquée.

Quant aux observations par réflexion, la Sous-Commission a constaté :

1° *Que l'Observatoire n'était pas encore pleinement organisé pour ce genre de mesure, mais que l'on s'occupait d'en compléter l'outillage;*

2° *Qu'en temps calme elles sont praticables dans les mêmes limites à peu près que l'observation du nadir.*

Mais, après avoir entendu le Rapport de la Sous-Commission, M. Le Verrier déclara qu'ayant poursuivi l'étude de la question du bain de mercure, il était parvenu à rendre praticable l'usage permanent des observations par réflexion, d'une part en préservant le bain des agitations de l'air, par un couvercle, et d'autre part en atténuant les ondulations au moyen de rainures pratiquées au fond du vase destiné à recevoir le mercure. M. Becquerel nous a déclaré que, s'étant rendu à l'Observatoire le 21 janvier 1869, de 4ʰ 45ᵐ à 6 heures, il avait constaté la fixité de l'image du fil réfléchi sur le mercure, sans faire d'ailleurs aucune observation sur la position précise de cette image. Cette déclaration de M. Becquerel ne contredit en rien les constatations faites par la Sous-Commission.

Nous ne discuterons pas ici la question de savoir s'il y a eu effectivement de telles améliorations dans l'installation du bain de mercure, et si ces améliorations ont ou non un caractère de permanence; nous présenterons cependant à ce sujet deux remarques. D'une part, les Astronomes de l'Observatoire se sont toujours accordés à dire qu'ils peuvent faire usage du bain de mercure à certaines heures, mais que, pour eux, la question est de l'obtenir à toutes les heures. D'autre part, notre Confrère M. Yvon Villarceau déclare que l'emploi d'un vase à rainures a déjà été essayé sans succès, il y a bien des années, et que s'il y a une amélioration dans le bain de mercure, elle serait due soit à la profondeur des tranchées pratiquées récemment dans les voies qui bordent l'Observatoire à l'est et au sud, soit à l'état encore peu consistant des nouvelles chaussées; ces circonstances auraient eu pour effet, suivant lui, d'amortir les trépidations.

Quoi qu'il en soit, les améliorations dont nous venons de parler, même en admettant leur permanence, qui est loin d'être établie, ne changeraient pas notablement les conditions dans lesquelles se trouve aujourd'hui l'Observatoire de Paris.

En effet, de l'enquête à laquelle la Commission s'est livrée et dont je viens d'indiquer les points les plus saillants, il résulte que, parmi les questions d'Astronomie pratique, à la solution desquelles les observatoires doivent concourir, il en est un grand nombre que l'Observatoire de Paris ne saurait aborder. Et il s'agit ici des recherches les plus importantes, de celles qui font la gloire des observatoires dans lesquels elles sont exécutées. Telles sont, par exemple, la détermination exacte des positions des étoiles dites *fondamentales;* les observations délicates qu'exige la détermination directe des constantes astronomiques, comme celles de l'aberration et de la nutation obtenues par W. Struve et M. Peters à l'observatoire de Poulkowa. Telles sont encore les recherches sur les étoiles doubles, dans les cas où les étoiles composantes sont très-rapprochées; la mesure des parallaxes des étoiles, l'observation et la résolution des faibles nébuleuses, en un mot la presque totalité des problèmes qui constituent la partie de la science connue sous le nom d'*Astronomie stellaire.*

L'un des Astronomes de l'Observatoire qui ont été appelés dans le sein de la Commission a caractérisé la situation en des termes qu'il ne sera pas inutile de rappeler ici :

« Les inconvénients de l'Observatoire dans ses conditions actuelles, nous a dit M. Wolf, « et les fâcheuses influences que les constructions exer-
» cent sur les observations n'ont pas échappé à M. Le Verrier, et il nous a
» souvent entretenus des moyens d'y remédier. Il voudrait d'abord, suivant
» un projet renouvelé de Cassini IV, déraser toute la partie supérieure du
» grand bâtiment jusqu'au premier étage; il voudrait ensuite reconstruire
» la Salle Méridienne sur un nouveau plan. Il voulait même dès maintenant
» transporter le Cercle mural hors de la Salle actuelle. Mais, si l'on démolit
» le bâtiment central, si l'on renverse la Salle Méridienne, ce qui reste de
» l'Observatoire actuel est-il assez précieux pour compenser la dépense et
» le péril de rester au milieu d'inconvénients extérieurs qui ne feront que
» s'accroître? »

J'ai terminé une partie importante de la tâche que la Commission m'a fait l'honneur de me confier; les détails dans lesquels je suis entré suffisent assurément pour édifier l'Académie sur la véritable situation de l'Observatoire impérial. Cette situation est bien telle que je viens de la présenter : les plaintes qu'ont fait entendre les quatre Astronomes titulaires de l'Observatoire sont malheureusement trop fondées, et la majorité de la Commission n'a pas hésité à le reconnaître.

Qu'y a-t-il donc à décider dans les circonstances actuelles? Quelle réponse l'Académie doit-elle faire au Gouvernement qui la consulte sur la question la plus importante peut-être qu'elle ait eu jamais à résoudre, en lui abandonnant l'énorme responsabilité de la solution?

Quatre des cinq Membres composant la minorité de la Commission, reconnaissant l'existence d'une partie seulement des inconvénients signalés ont cru en trouver le remède dans l'établissement d'une succursale en un lieu voisin de Paris, avec des logements pour tous les Astronomes, tant à Paris que dans la succursale; le cinquième Membre de cette minorité a déclaré ultérieurement qu'il se ralliait à cette opinion.

La majorité de la Commission repousse énergiquement une telle combinaison, qui n'aboutirait en réalité qu'à réunir sous la même direction deux observatoires distincts, dont l'un, la succursale, deviendrait nécessairement l'observatoire principal, en raison de l'importance relative des travaux qui y seraient exécutés. Il est désirable sans nul doute que la France possède plusieurs établissements astronomiques; mais, comme l'a dit excellemment un de nos illustres Confrères de la Commission, la séparation des observatoires est une nécessité scientifique de premier ordre : « c'est la mort de la » science que la science mise tout entière sous une seule main. »

Imbu du véritable amour de la science, pénétré de ses devoirs envers son pays d'adoption, ce n'était pas une succursale pour l'observatoire de Saint-Pétersbourg que Wilhelm Struve demandait à l'empereur de Russie; c'était le transfert complet, le transfert sans restrictions loin des agitations de la capitale; c'était, en un mot, la création de l'Observatoire de Poulkowa, qui fera à tout jamais la gloire de son illustre fondateur.

Et si ce grand exemple ne suffisait pas pour porter la conviction dans les esprits, que l'Académie veuille bien jeter les yeux sur ce qui se passe autour de nous. Qu'elle examine avec sa Commission la situation des divers observatoires de l'Europe et de l'Amérique : elle n'apprendra certainement pas sans quelque surprise que tous ces nombreux observatoires ont été construits ou transférés hors des villes. Il n'y a guère à cet égard que deux exceptions : Berlin et Washington.

Ainsi l'Observatoire impérial de France est dans une situation exceptionnelle. Est-il possible que l'Académie assume la responsabilité de donner au Gouvernement le conseil de maintenir cet état d'exception?

La majorité de la Commission pense qu'il importe à l'honneur scientifique de la France, que l'Observatoire impérial soit un observatoire de *premier ordre*, c'est-à-dire qu'il soit constitué de telle manière qu'on puisse y entreprendre, comme à Poulkowa, tous les travaux qu'exige la solution des problèmes astronomiques les plus élevés. Mais, en même temps, elle n'accepte pour lui aucune succursale, et elle exprime le vœu que l'Observatoire de Marseille soit rendu à son indépendance première.

L'Établissement qui porte aujourd'hui le nom d'Observatoire impérial ne saurait, quoi qu'on fasse, réaliser les vues de la majorité de votre Commission; il doit renoncer à son titre. Mais il n'en résulte pas que cet observatoire doive être détruit ou même supprimé. Ce que nous demandons, c'est la construction de l'Observatoire impérial, sans succursale, dans les conditions les meilleures, et par conséquent dans un lieu voisin de Paris. Et ce sera l'éternel honneur du Gouvernement d'avoir donné satisfaction à ce vœu unanime des Astronomes, en dotant la France d'un observatoire modèle. Quant à l'Observatoire actuel, rien n'empêche qu'il ne soit conservé, si l'on veut; car personne ne conteste que l'on n'y puisse faire utilement certains travaux. On pourra d'ailleurs l'utiliser de quelqu'une des manières dont a parlé le Ministre de l'Instruction publique dans sa Lettre à l'Académie.

CONCLUSION.

En résumé, la Commission propose à l'Académie, à la majorité de *six* voix contre *cinq*, de répondre à S. Exc. le Ministre de l'Instruction publique :

1° Qu'il est nécessaire de transférer l'Observatoire impérial en un lieu voisin de Paris, et de construire, dans le nouvel établissement, des logements pour tout le personnel astronomique;

2° Qu'il est désirable que le bâtiment actuel soit conservé intégralement; mais, que si l'on y maintient un observatoire, on n'en fasse pas une succursale de l'Observatoire impérial.

J.-A. SERRET.

INSTITUT IMPÉRIAL DE FRANCE.

ACADÉMIE DES SCIENCES.

COMMISSION DE L'OBSERVATOIRE.

PIÈCE N° 1, SÉANCE DU 13 JUIN 1868.

DÉCLARATION DE M. LŒWY.

Appelé à me prononcer, devant un conseil d'Académiciens illustres, sur la question de savoir si, par suite de la situation de l'Observatoire au sein de la Capitale, il se manifeste certaines influences nuisibles à la précision des observations astronomiques, j'ai répondu affirmativement. Je reproduis ici les raisons que j'ai eu l'honneur d'exposer à l'appui de cette opinion.

Il y a trois principales causes locales qui entachent les observations de toutes sortes d'erreurs, ce sont :

Le défaut de transparence de l'air, provenant des fumées, des poussières de Paris et de l'échauffement inégal des couches inférieures de l'atmosphère ;

L'ébranlement du sol causé par le roulement des voitures, et par les diverses autres manifestations de l'activité d'une grande ville ;

L'illumination du ciel produite par l'éclairage de Paris et principalement par les nombreux becs de gaz qui avoisinent l'Observatoire.

Effet de l'atmosphère viciée sur les observations.

Le défaut d'horizontalité des diverses couches d'égale densité de l'atmosphère peut influer de diverses manières sur les observations astrono-

L.

miques. Dans le cas où les couches d'égale densité ont une inclinaison sensible et persistante, elles causent des réfractions anormales et par suite des erreurs systématiques; si au contraire elles ont une inclinaison incessamment variable, elles donnent lieu à des ondulations particulières et à des diffusions dans les images des étoiles.

Des faits nombreux prouvent que ces phénomènes anormaux sont véritablement dus à la situation fâcheuse de l'Observatoire et ne proviennent pas des perturbations générales de l'atmosphère.

Il est d'abord facile de se convaincre que des grossissements de 400 fois ne peuvent pas être dépassés dans l'étude des astres à l'Observatoire actuel, tandis que partout ailleurs on peut se servir aisément de grossissements plus considérables. Ce fait sûr et bien constaté est une preuve saisissante de l'état particulier et exceptionnel de l'atmosphère de Paris.

En outre, dans les travaux qui n'exigent ni l'habileté particulière de l'observateur, ni la puissance optique considérable des lunettes, la présence d'erreurs anormales peut également révéler l'existence simultanée d'ondulations et de réfractions particulières à l'air de Paris.

Ainsi, par exemple, considérons la détermination des déclinaisons des étoiles fondamentales faite à Paris et dans un très-grand nombre d'observatoires étrangers. Ces étoiles, les plus belles du ciel, sont nettement visibles dans toutes les lunettes à l'aide desquelles on les observe; et tous les astronomes exercés font également bien les pointés de l'astre et les lectures au Cercle. La valeur de ces observations ne peut donc plus dépendre d'une habileté particulière de l'observateur, ni du pouvoir optique de l'instrument, et elle doit être également indépendante des erreurs instrumentales, puisque le but que l'on poursuit est d'atteindre la plus haute précision. Or, dans le Catalogue des fondamentales publié par l'Observatoire de Paris, M. Auwers constate deux sortes d'erreurs graves, les unes systématiques, les autres accidentelles : les premières prouvent l'existence de causes d'erreurs d'un effet constant; les autres attestent que les ondulations n'ont pas permis de pointer les images avec la même précision que dans beaucoup d'autres observatoires.

En conséquence, à moins de supposer que le climat de Paris est un des plus mauvais du monde, puisqu'on n'y peut guère faire usage des grossissements que l'on utilise partout ailleurs; à moins d'admettre encore que le travail capital de l'Observatoire, la détermination des fondamentales, a été mal conduit, il faut nécessairement croire à l'influence fâcheuse de l'atmosphère de Paris.

Les études auxquelles on ne peut se livrer à l'Observatoire de Paris sont nombreuses. Pour ne citer que les principales, mentionnons :

Les recherches sur les étoiles doubles, lorsque les deux composantes sont très-près l'une de l'autre ;

La détermination des parallaxes et généralement tous les travaux astronomiques où il s'agit de déterminer les petites distances angulaires ;

La découverte et l'observation des faibles nébuleuses et leur résolution, etc. ; en un mot, la presque totalité de ces problèmes, qui forment cette branche importante de la science désignée sous le nom *Astronomie sidérale*, se trouve rayée du programme à adopter pour Paris.

Trépidation du sol.

L'observation du nadir devient, par suite de l'ébranlement du sol, extrêmement difficile. Il y a des heures dans la journée où cette opération est tout à fait impraticable, d'autres où les pointés effectués sur l'image ondulante et diffuse du fil réfléchi sont tellement discordants, que les résultats péniblement acquis ne possèdent aucune valeur. Dans la soirée, le nadir devient quelquefois observable, et les heures avancées de la nuit sont les seules où une détermination précise soit possible. Les difficultés dans les observations des étoiles par réflexion sont encore plus considérables.

L'emploi du bain de mercure dans un établissement astronomique est de première nécessité ; il présente aux astronomes un instrument de travail simple et précis à la fois. Si pour une application particulière il est possible d'inventer d'autres instruments auxiliaires destinés à remplacer le bain de mercure, on ne saurait cependant s'en passer généralement.

C'est ainsi que le bain de mercure est indispensable à l'étude complète de la flexion des cercles muraux. Il n'existe aujourd'hui aucun autre moyen consacré par l'expérience pour la déterminer entièrement. Si un observatoire voulait réaliser les belles idées de MM. Faye et Marth sur cette question, le bain de mercure seul permettrait de contrôler les résultats dûs aux nouvelles méthodes ; la vérification des travaux d'une nature si délicate est non-seulement utile, mais absolument nécessaire.

Les astronomes de Poulkowa, en construisant des instruments d'un caractère particulier, ont renoncé au bain de mercure pour la détermination des déclinaisons des fondamentales. L'exemple d'un seul observatoire abandonnant temporairement pour un unique travail l'usage du bain de mercure ne saurait être invoqué, et par suite devenir la loi pour tous les établissements astronomiques.

Se passer d'une manière absolue du bain de mercure, ce serait se priver d'une multitude d'instruments construits dans un but spécial, comme par exemple la lunette zénithale de M. Faye; ce serait encore rendre impossible l'usage de ces méthode d'observations qui jouissent actuellement du plus grand crédit dans le monde astronomique.

Effet de l'éclairage de Paris sur le travail astronomique.

L'illumination du ciel par les nombreux becs de gaz de la ville aggrave la difficulté déjà considérable de la recherche et de l'observation des faibles comètes et nébuleuses. En présence d'astres semblables, l'astronome renonce à l'éclairage du champ de la lunette, et observe, en se plaçant autant que possible dans l'obscurité. Le rayonnement des lumières éclipse alors davantage l'image déjà peu distincte de la faible nébulosité. Toutefois cette difficulté a moins de gravité que les inconvénients signalés plus haut. Son influence se ferait surtout sentir dans l'étude de diverses questions de l'astronomie stellaire : dans la résolution des faibles nébuleuses, dans la comparaison de la clarté relative des diverses régions du ciel, dans l'analyse spectrale et en général dans toutes les recherches qui ont pour but de déterminer les limites que peut atteindre l'observation.

Conclusion.

D'une part, impossibilité d'exécuter la plupart de ces grands travaux astronomiques qui embrassent les problèmes les plus élevés de la science et peuvent seuls assurer la gloire d'un observatoire; d'autre part, pour les recherches qu'il est permis d'aborder, abandon de méthodes sûres et d'instruments importants, restriction de toutes sortes dans les procédés d'observation, tels sont les graves inconvénients que fait naître la situation de l'Observatoire au sein de la capitale.

INSTITUT IMPÉRIAL DE FRANCE.

ACADÉMIE DES SCIENCES.

COMMISSION DE L'OBSERVATOIRE.

PIÈCE N° 2, SÉANCE DU 13 JUIN 1868.

DÉCLARATION DE M. WOLF.

Sur les conditions dans lesquelles se trouvent actuellement les instruments de l'Observatoire de Paris.

J'examinerai successivement l'influence des conditions actuelles de l'Observatoire sur les observations méridiennes et sur celles qui se font en dehors du méridien, en insistant particulièrement sur ces dernières, auxquelles je me suis spécialement livré.

Les observations aux instruments méridiens sont affectées dans les conditions actuelles par la construction même de la salle, dont les parois s'échauffent lentement et sont lentes à se refroidir; de sorte que si, pendant les journées d'été, l'astronome a ouvert de manière à maintenir l'équilibre de température entre l'intérieur et l'extérieur, pendant la nuit les observations seront viciées par l'échauffement des murailles et des joues des ouvertures. La présence du grand bâtiment, la différence de niveau entre la cour et la terrasse, sont aussi des causes qui donnent naissance à des courants d'air de direction alternativement constante; et ces courants influent dans un sens constant sur la hauteur apparente des astres, et même sur le moment apparent du passage au méridien.

Il faut joindre à ces actions perturbatrices l'inégale dilatation des énormes piliers sur lesquels reposent les instruments et dont une grande portion

W.

n'est pas suffisamment protégée contre les variations de température, les trépidations du sol, l'éclairement de l'atmosphère, les bruits de toute nature, dont M. Le Verrier se plaignait déjà très-énergiquement en 1854, et qui vont augmenter encore par le percement des voies nouvelles autour de l'Observatoire.

L'observation du nadir, qui était autrefois possible (le bain de mercure reposant sur une console fixée au mur du cercle de Gambey), est aujourd'hui presque constamment impossible pendant le jour dans de meilleures conditions d'installation. La nuit, il n'est même pas possible, je m'en suis assuré, d'observer couramment les étoiles par réflexion.

Les observations extra-méridiennes sont elles-mêmes grandement gênées par la masse du bâtiment central, qui ne permet de voir tout l'horizon qu'en plaçant l'instrument sur la terrasse supérieure, à la grande fatigue de l'astronome, et au détriment des observations elles-mêmes, qui sont influencées par les courants d'air ascendant le long des murs, et par les trépidations du sol multipliées en raison de la hauteur. Aussi est-il impossible d'appliquer aux instruments des grossissements supérieurs à 500 fois, tandis qu'en Angleterre, en Allemagne, à Poulkowa, on emploie des grossissements de 800, 1000 et 1200 fois. Si l'on voulait installer aujourd'hui un grand équatorial, il faudrait le placer à l'extrémité sud de la terrasse du jardin, par conséquent au voisinage immédiat des nouveaux boulevards. Et là, en outre, la nécessité de conserver un mur de verdure, pour se garantir de l'action directe des lumières extérieures, empêche de voir l'horizon.

M. le Directeur a déjà essayé de répondre à ces critiques en disant que l'on peut voir, à l'Observatoire de Paris, tout ce que l'on voit ailleurs; que l'observation des petites planètes, faite au grand cercle méridien par M. Lœwy concurremment avec Greenwich, a donné à Paris une supériorité incontestable dans le nombre et l'exactitude des observations.

Il faut remarquer sur ce dernier point que notre lunette a 9 pouces français d'ouverture, celle de Greenwich 8 pouces anglais seulement; notre succès relatif doit donc d'abord être attribué à la puissance de l'instrument, mais il faut surtout faire la part du zèle infatigable et de la vue exceptionnelle de l'observateur. D'ailleurs ce n'est pas au climat brumeux de Greenwich qu'il faut nous comparer; je prendrai mon point de comparaison en Allemagne. A Munich, où l'Observatoire est bâti sur une colline en dehors de la ville, M. Lamont a pu, avec un 9 pouces, voir et mesurer les positions de deux satellites d'Uranus. Ici avec un 11 pouces, M. Lœwy et moi n'avons pu que soupçonner la présence de ces deux satellites, bien que je les aie assidûment cherchés deux années de suite. Partout ailleurs, on voit le compagnon de Sirius avec un 9 pouces : ici je l'ai vainement cherché en 1867 et 1868 avec un télescope de 0^m,40 et avec le magnifique objectif de 9 pouces construit par L. Foucault.

Les inconvénients de l'Observatoire dans ses conditions actuelles et les fâcheuses influences que les constructions exercent sur les observations n'ont pas échappé à M. Le Verrier, et il nous a souvent entretenus des moyens d'y remédier. Il voudrait d'abord, suivant un projet renouvelé de Cassini IV, déraser toute la partie supérieure du grand bâtiment jusqu'au premier étage; il voudrait ensuite reconstruire la salle Méridienne sur un nouveau plan. Il voulait même dès maintenant transporter le cercle mural hors de la salle actuelle. Mais si l'on démolit le bâtiment central, si l'on renverse la salle Méridienne, ce qui reste de l'Observatoire actuel est-il assez précieux pour compenser la dépense et le péril de rester au milieu d'inconvénients extérieurs qui ne feront que s'accroître?

M. le Directeur a répondu alors que la fondation de l'Observatoire de Marseille pourvoyait à toutes les nécessités de la science. Il faut remarquer que la salle Méridienne de Longchamp (je l'ai vue) n'a point été construite pour des observations de haute précision; et que, voulut-on modifier les constructions, toutes neuves encore, pour y établir les instruments nécessaires à la détermination des fondamentales, la nécessité n'en subsisterait pas moins de faire les mêmes observations simultanément et par les mêmes procédés dans le nord de la France, pour reconnaître l'influence des causes locales. En second lieu, le climat de Marseille n'est pas le plus favorable aux observations; et si l'on voulait donner à Paris une succursale située à 200 lieues, du moins aurait-il fallu choisir un ciel moins exposé au mistral et à des sécheresses continues.

M. Faye m'a fait l'honneur de me demander ce que je pense de la possibilité de faire à l'Observatoire de Paris des observations de précision et, en particulier, des déterminations de fondamentales. A mon sens, les résultats obtenus depuis quinze années ne peuvent être invoqués ni pour ni contre la possibilité de faire utilement de telles déterminations; car, en laissant de côté le principe de la méthode employée qu'il ne s'agit pas de discuter, il faut reconnaître, avec M. Le Verrier, que cette méthode n'a pas été rigoureusement appliquée. Suivant une expression que je tiens de M. Le Verrier lui-même, il n'a été fait que des fondamentales d'occasion, en ce sens qu'au lieu d'appliquer les efforts de l'observateur et les heureuses modifications des instruments à la détermination unique des corrections que doivent subir les positions supposées d'un catalogue de fondamentales, ces efforts se sont dispersés sur une multitude d'étoiles à cataloguer, au milieu desquelles se trouvent noyées chaque jour quatre, cinq, dix fondamentales au plus, observées pour la détermination des constantes instrumentales, sans que rien d'ailleurs ait été fait pour la recherche des erreurs de flexion et de graduation au cercle mural.

Laissant donc de côté la question des observations faites, il suffit de se reporter à ce que j'ai dit des conditions mauvaises de la salle Méridienne, pour comprendre combien serait périlleuse et hasardée l'entreprise de la détermination des fondamentales dans les circonstances de bâtiment, de sol et d'atmosphère au milieu desquelles nous nous trouvons.

INSTITUT IMPÉRIAL DE FRANCE.

ACADÉMIE DES SCIENCES.

COMMISSION DE L'OBSERVATOIRE.

PIÈCE N° 3, SÉANCE DU 13 JUIN 1868.

DÉCLARATION DE M. MARIÉ-DAVY.

M. Delaunay demande à M. Marié-Davy quels sont, au point de vue de l'observation, les inconvénients que présente l'Observatoire de Paris.

M. Marié-Davy répond que ces inconvénients proviennent de trois causes : les trépidations du sol, l'éclairement de l'atmosphère, et l'irrégularité des surfaces d'égale température de l'air.

(a). Interrogé s'il a des preuves directes de la trépidation du sol, M. Marié-Davy répond affirmativement. La boussole des variations d'inclinaison est installée sur un dé en pierre dressé au fond du jardin-terrasse. L'aiguille aimantée appuie par un couteau sur un plan d'agathe horizontal; tous les sept ou huit jours il faut la ramener à sa place dont les trépidations du sol l'ont écartée.

(b). Relativement à la transparence de l'air, M. Marié-Davy répond que cette transparence est amoindrie à Paris par l'action de plusieurs causes.

Les émanations d'une grande ville chargent son atmosphère d'une masse considérable de particules très-ténues, qui, le soir éclairées par des becs de gaz, donnent au ciel l'apparence d'aurores boréales.

D'un autre coté, il s'élève d'une grande ville bien éclairée en toute saison et bien chauffée en hiver, une infinité de filets d'air inégalement chauds.

M.-D.

En regardant des objets déliés au travers de ce mélange, avec des lunettes dont le pouvoir grossissant va croissant, on voit les bords de ces objets onduler de plus en plus, une sorte de voile s'étendre sur leurs images, puis ces dernières disparaître complétement.

Ces effets, très-marqués à Paris, le sont également dans la campagne, dans des vallées étroites à l'abri des vents; ils disparaissent en grande partie sur les plateaux nus où l'air circule librement.

(c). Relativement à l'irrégularité des surfaces d'égale température, M. Marié-Davy ajoute que les courants d'air locaux, nés de l'inégale température des divers points de la surface du sol, ont pour résultat nécessaire de troubler l'horizontalité des surfaces d'égale température, horizontalité que suppose le calcul des réfractions astronomiques.

Quand les surfaces d'égale température sont très-tourmentées et très-mobiles, la visibilité des petits objets en est gênée et même empêchée;

Quand elles sont moins instables et à sinuosités moins nombreuses, il en résulte seulement des ondulations dans la position apparente des objets;

Quand elles ont une inclinaison à peu près constante, comme il arrive sur des déclivités de terrain, il en résulte des erreurs systématiques de position.

M. Becquerel demande si M. Marié-Davy a fait des observations thermométriques simultanées à diverses hauteurs autour et à distance de l'Observatoire.

M. Marié-Davy répond qu'il n'en a pas eu les moyens; qu'ayant seulement voulu installer des thermomètres à maxima et minima plus à portée de son service, il les avait placés à la fenêtre nord de la salle Méridienne du second étage, et que les résultats obtenus ont différé beaucoup de ceux qui sont donnés par les instruments placés à côté de la salle Méridienne. Les nombreuses expériences de M. Renou montrent que la température moyenne fournie par les thermomètres de l'Observatoire est trop élevée : de $0°,70$ en hiver, de $1°,15$ en été, et de $0°,92$ en moyenne. Tous les météorologistes savent d'ailleurs, et M. Becquerel plus que tout autre, combien sont discordantes les températures simultanées fournies par les thermomètres des villes.

M. Faye demande si la surélévation de la terrasse et celle du grand bâtiment ont une influence sur les couches d'égale température.

M. Marié-Davy répond affirmativement. En dehors des variations continuelles dans la forme et la position des surfaces d'égale température résultant du milieu où se trouve placé l'Observatoire, une inclinaison moyenne à peu près constante de ces couches s'y trouve réalisée :

Par la faible distance qui sépare les instruments méridiens du corps principal de l'Observatoire, dont les murs très-élevés et très-épais ne sont jamais à la température de l'air ambiant ;

Par l'inégale élévation du sol au nord et au midi de la salle Méridienne ;

Par la déclivité du terrain du côté de la rue Saint-Jacques et la proximité de cette rue ;

Par les obstacles qui s'opposent au déplacement horizontal de l'air en masse autour de l'Observatoire.

Le meilleur observatoire serait de n'en avoir pas, du moins en maçonnerie, et de couvrir seulement les instruments par des abris mobiles, sur un sol nu, horizontal et un peu élevé.

M. Élie de Beaumont demande : 1° à quelle hauteur s'élèvent les apparences d'aurores boréales signalées par M. Marié-Davy ; 2° quelles sont les circonstances favorables ou défavorables aux effets fâcheux des trépidations du sol.

M. Marié-Davy répond que, dans certaines occasions, l'éclairement du ciel s'étend au moins jusqu'à 45 degrés, jusqu'à l'étoile polaire même, à en juger à la simple vue, surtout quand l'air est calme avec de faibles brises d'entre le N.-O. et le N.-E. Cette hauteur diminue d'une manière sensible quand on monte sur la terrasse de l'Observatoire, preuve que la couche éclairée n'est pas très-épaisse.

Sur le second point, M. Marié-Davy répond que les trépidations seront plus sensibles au bain de mercure si ce bain est lié directement aux murs de l'Observatoire que s'il appuie sur le parquet. Les murs en pierre de taille, dont les fondations reposent sur la roche, ramassent les trépidations profondes et superficielles ; le parquet, au contraire, n'a que quelques points de contact avec le sol. Les trépidations pourraient peut-être être amorties par des corps dénués d'élasticité ; mais elles s'étendent à tout le terrain de l'Observatoire, et pénètrent d'autant plus profondément dans ses couches qu'elles ont une origine plus lointaine.

M. Liouville demande s'il existe un intérêt scientifique à la réunion de la Météorologie à l'Astronomie.

M. Marié-Davy répond que les inconvénients dépassent de beaucoup les avantages. Presque partout, à l'étranger, ces deux sciences ont des établissements distincts. Leurs buts, leurs méthodes et leurs besoins sont essentiellement différents, et, en réalité, leur accouplement à l'Observatoire est une cause de gêne pour chacune d'elles.

L'union personnelle dut-elle être maintenue, que les deux sciences n'en devraient par moins être séparées.

INSTITUT IMPÉRIAL DE FRANCE.

ACADÉMIE DES SCIENCES.

COMMISSION DE L'OBSERVATOIRE.

PIÈCE N° 4, SÉANCE DU 20 JUIN 1868.

NOTE DE M. E. LAUGIER.

Utilité du bain de mercure pour la mesure des distances polaires des étoiles fondamentales et autres.

Par l'emploi du bain de mercure, la mesure des déclinaisons ou des distances polaires des étoiles est ramenée à celle de leurs distances au zénith. Le point de départ seul est changé. Au lieu de déterminer le lieu du pôle sur le cercle par l'observation d'une même étoile à ses deux passages supérieur et inférieur, on détermine le lieu du zénith par l'observation directe du nadir.

L'observation d'une circompolaire à ses deux passages ne fait connaître le lieu du pôle qu'autant que le cercle et ses microscopes n'auraient éprouvé aucune variation dans l'intervalle des douze heures qui séparent deux culminations successives. Or ce n'est pas le cas ordinaire. Sous l'influence des variations de température et d'autres causes, la collimation polaire varie, et il est souvent presque impossible de connaître la valeur qui convient à telle ou telle observation d'étoile, lorsqu'on veut passer de la lecture faite aux six microscopes à la distance au pôle.

L.

L'observation du nadir simplifie beaucoup la question. Elle ne prend que quelques minutes, et elle donne si l'on veut, à chaque instant du jour et de la nuit, la collimation zénithale, et par suite la distance de l'étoile au zénith. Cette distance zénithale est indépendante de l'état actuel de l'instrument et par conséquent de ses variations : son exactitude ne dépend que des erreurs de pointé à l'étoile et au nadir, ainsi que des erreurs instrumentales que l'on sait calculer en général; tandis que la distance polaire déterminée par la collimation au pôle dépend en outre des variations de l'instrument et de ses supports, variations qui ne sont pas faciles à évaluer exactement.

L'erreur du pointé nadiral peut avoir de l'importance si le bain de mercure est agité, mais lorsque les images réfléchies des fils sont nettes et calmes, on sent très-bien que le pointé est sûr; et en fait, toutes les fois que les circonstances ont été favorables, les déterminations successives du nadir se sont accordées pour moi à une très-minime fraction de la seconde. Il y a plus, il semblerait que l'erreur de pointé, personnelle à l'observateur, n'a plus la même importance dans l'observation du nadir; l'erreur personnelle de M. Mauvais, par exemple, avait disparu de ses pointés nadiraux comparés aux miens : je veux dire que bien qu'il y eût entre sa manière de pointer sur les étoiles et la mienne une différence marquée, cette différence n'existait plus quand nous comparions nos déterminations du nadir faites ensemble avec le même cercle. Nos collimations s'accordaient parfaitement entre elles. Je ne crois donc pas à l'importance des erreurs du nadir lorsque le bain de mercure est tranquille, et je pense même que les erreurs inhérentes au pointé stellaire sont de beaucoup les plus considérables.

Ainsi je le répète, les distances zénithales obtenues par l'emploi du bain de mercure sont indépendantes des variations de l'instrument, car elles sont obtenues chacune en retranchant l'un de l'autre deux nombres que l'état actuel du cercle affecte de la même manière.

Si l'on admet cette entière indépendance des distances zénithales, on comprendra la grande utilité du bain de mercure pour la mesure des distances polaires absolues. Le pôle devient comme une étoile dont on déterminerait la distance au zénith, en faisant la demi-somme des distances zénithales supérieure et inférieure d'une même circompolaire mesurées un grand nombre de fois et ramenées par le calcul à une époque commune. En multipliant le nombre des circompolaires observées, on obtiendra avec une très-grande exactitude cette distance zénithale du pôle, qui, une fois connue, devra s'ajouter à la distance zénithale moyenne de chaque étoile, pour former sa distance polaire.

Quant à la légère incertitude qui affecterait encore la distance zénithale du pôle, elle pourrait devenir un sujet spécial d'études comme on en rencontre à chaque pas dans la discussion des observations astronomiques, mais elle ne saurait servir d'argument contre une méthode d'un emploi aussi exact que facile.

Dans un observatoire où l'observation du nadir serait impossible, il faudrait bien avoir recours aux étoiles fondamentales d'un autre observatoire, mais alors on ne pourrait pas se flatter d'avoir fait un travail entièrement indépendant, et cette dépendance forcée équivaudrait à une infériorité relative. Ce qu'on vient de dire du bain de mercure doit s'appliquer *à fortiori* aux observations par réflexion, puisque, sans elles, il ne serait pas possible d'étudier l'influence de la flexion des lunettes.

Après avoir lu cette Note, M. Laugier présente les considérations suivantes :

Un observatoire du premier ordre est celui dont les déterminations astronomiques servent de bases aux travaux des autres observatoires, en ce sens que ceux-ci sont toujours obligés plus ou moins de lui emprunter ses résultats, qu'ils peuvent vérifier peut-être, mais dépasser jamais.

Un observatoire du deuxième ou même du troisième ordre peut rendre néanmoins de très-grands services à l'Astronomie, mais il le devra aux talents de ses astronomes, auxquels toutefois l'avantage des ressources matérielles fera toujours défaut.

L'Observatoire de Paris sur l'emplacement duquel l'Académie des Sciences est consultée, doit être un observatoire du premier ordre; il faudrait donc l'installer de telle manière qu'on n'y fût point réduit à chercher par quels moyens on pourrait éviter l'emploi des principales méthodes d'observations dont la Science moderne dispose.

Il faudrait en outre que sa construction pût échapper à toute critique fondée; que les différentes parties dont se composent les bâtiments ne se nuisissent pas les unes aux autres; et que tout, jusqu'au sol lui-même, y fût disposé de telle sorte que la superposition naturelle des couches atmosphériques en contact avec lui ne fût pas troublée.

Il faudrait enfin que les Astronomes de l'Établissement et leurs assistants y fussent logés, et cette dernière condition n'est pas moins importante que les autres.

Si l'Observatoire actuel de Paris remplissait ou pouvait devenir apte à remplir *toutes* ces conditions; s'il était démontré :

Qu'il peut être mis à l'abri des trépidations du sol et des illuminations provenant de la ville;

Que les dispositions des divers corps du bâtiment ne déterminent pas dans les températures de l'air ambiant de ces variations accidentelles donnant lieu à des réfractions anormales qui échappent à toute théorie et à tout calcul;

Et qu'enfin les Astronomes, à toute heure du jour et de la nuit, peuvent être à proximité de leurs instruments,

Je serais pour l'Observatoire *à* Paris.

Mais comme, dans ma conviction, le bâtiment actuel ne pourra jamais, quoi qu'on fasse, remplir *toutes* ces conditions, je suis, jusqu'à preuves contraires, pour l'Observatoire *hors* Paris;

Car je ne veux pas ici me faire illusion à moi-même, je ne veux pas que de glorieuses traditions ou d'anciens souvenirs me fassent perdre de vue l'intérêt purement scientifique des progrès de l'Astronomie en France, qui, dans cette question capitale, doit dominer toutes les autres préoccupations.

Quant à la question du climat, elle me paraît d'un intérêt secondaire, et je ne m'en occuperai pas; car il faut à la France, au moins un observatoire du premier ordre, et il faut que cet observatoire soit à Paris ou dans ses environs.

INSTITUT IMPÉRIAL DE FRANCE.

ACADÉMIE DES SCIENCES.

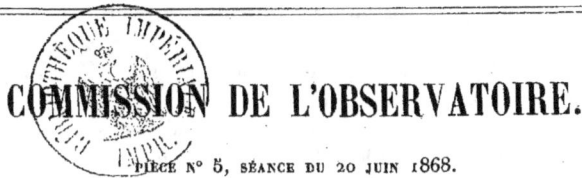

COMMISSION DE L'OBSERVATOIRE.

PIÈCE N° 5, SÉANCE DU 20 JUIN 1868.

OPINION DE M. FAYE.

MESSIEURS,

J'ai été frappé comme vous des plaintes que les Astronomes de l'Observatoire impérial ont formulées, à diverses reprises, sur les conditions dans lesquelles ils se trouvent placés pour leurs travaux. Mais, tout en attribuant à quelques-unes de ces plaintes une haute gravité, je ne saurais pourtant admettre, à aucun titre, cette assertion absolue, qu'il est impossible de faire à Paris de bonnes observations et que tous les travaux qui y ont été exécutés sont entachés d'erreurs.

Sans doute les trépidations du sol sont gênantes en certains cas; il en est de même du bruit de la grande ville et de l'illumination nocturne de son atmosphère; je comprends que des observateurs désirent obtenir des conditions plus favorables. Mais présenter ces inconvénients, et d'autres encore dont je dirai quelques mots plus loin, comme autant d'obstacles invincibles à la haute précision des observations méridiennes, serait à mes yeux une exagération manifeste. Une déclaration pareille pourrait nuire de la manière la plus grave aux développements futurs de notre science. Je vous demande la permission d'expliquer très-succinctement les motifs de mon opinion.

Il est essentiel, pour l'exactitude des observations astronomiques, que l'observateur soit en état de déterminer à tout instant la direction de la verticale avec la dernière précision. Cette condition est si fondamentale que je n'admets même pas qu'il soit permis de l'éluder en remplaçant la verticale

F.

absolue par quelque autre ligne placée arbitrairement, ligne dont la fixité, douteuse *à priori*, ne pourrait être vérifiée qu'à de longs intervalles. Il faut, je le répète avec tous les Astronomes observateurs, se rendre indépendant des influences multiples qui font varier insensiblement tous les repères matériels auxquels on voudrait se rattacher, et ne se fier qu'aux directions dont on peut à tout moment obtenir la vérification précise. Il n'y en a pas d'autre que celle de la pesanteur.

Les Astronomes ont pour cela deux moyens de même valeur, le bain de mercure et les grands niveaux à bulles d'air (ils ont renoncé depuis longtemps au fil à plomb). Le bain de mercure est affecté par les vibrations du sol en ce sens que les vibrations nuisent à la netteté ou même à la visibilité des images obtenues par réflexion sur ce miroir. Mais les niveaux échappent à cet inconvénient : les trépidations ordinaires du sol ne les affectent point à cause des dimensions très-restreintes en un sens de la surface libre du liquide. Toute la question se réduit donc, quand on opère sur un sol soumis à de petites trépidations, à substituer les grands niveaux au bain de mercure, et à organiser en conséquence et les instruments et les méthodes d'observation.

S'agit-il d'instruments possédant un axe de rotation vertical? le bain de mercure est alors totalement inutile puisque, à chaque observation double, la direction de la verticale se trouve déterminée. S'agit-il d'un cercle mural ? il suffit, pour remplacer le bain de mercure, de placer au nord et au sud, dans la salle elle-même, deux collimateurs permanents dont on assure la parfaite horizontalité à l'aide du niveau à bulle d'air, et de pointer alternativement la lunette du cercle sur ces deux collimateurs : la moyenne de deux simples observations donne ainsi la verticale aussi souvent qu'on le désire. Tels sont les procédés qu'on suit depuis un quart de siècle à Poulkowa. Je ne connais à cette méthode, aisément applicable au cercle mural, qu'une seule difficulté, et elle est facile à lever : elle tient à l'influence de la température sur l'air confiné dans ces collimateurs, influence dont les opérations de Poulkowa ne m'ont pas paru exemptes.

Il reste, à la vérité, une question délicate à examiner, celle des erreurs instrumentales dues à l'action de la pesanteur sur les diverses parties de ces appareils mobiles. Plusieurs personnes paraissent être d'avis que le bain de mercure et l'observation des étoiles par réflexion sur ce miroir est le seul moyen d'éliminer en bloc toutes les erreurs dues aux flexions. Un raisonnement bien simple indique en effet que si, dans les observations directes, la pesanteur agit dans un certain sens par rapport au ciel étoilé et produit des déformations déterminées sur l'instrument, cette même pesanteur agira dans le sens opposé par rapport au ciel réfléchi, de telle sorte que la moyenne de deux observations de ce genre, l'une directe, l'autre par réflexion, serait indépendante de toute influence de la gravité, puisqu'il y aurait compensation exacte entre des effets opposés mais égaux.

Ce système est continuellement employé de nos jours dans les grands observatoires anglais ; mais il n'est pas sans inconvénient. D'une part les étoiles, vues par réflexion, ne s'observent pas avec autant de précision que les étoiles vues directement; d'autre part ce procédé amène les trajectoires visuelles trop près du sol, dans les couches d'air dont la constitution diffère le plus de l'état normal de l'atmosphère ambiante (*). Heureusement cette méthode, qui exige un sol constamment à l'abri de toute trépidation, peut être avantageusement modifiée, et elle n'exige plus alors cette fixité absolue que le sol de Paris ne possède pas à toutes les heures du jour. Rien n'empêche en effet d'observer par réflexion, non plus des étoiles réelles qu'il faut prendre au moment même où elles passent au méridien, mais des étoiles artificielles, c'est-à-dire des collimateurs convenablement disposés, en opérant aux moments où le bain de mercure fournit des images parfaites. Ces observations, plus précises que celles des étoiles, n'ont nullement besoin d'être répétées chaque nuit pour faire connaître les corrections instrumentales qu'on cherche à déterminer, en Angleterre, par la réflexion des étoiles.

J'en citerai un exemple frappant. Dans le XXIIIe volume des *Observations d'Oxford*, exécutées sous l'habile direction de M. Robert Main, on trouve une discordance constante de $1'',43$ entre le zénith conclu de l'observation du nadir et le zénith conclu des étoiles vues par réflexion sur le bain de mercure. Il me paraît naturel de déduire, de ce désaccord permanent, que la formule de la flexion adoptée à Oxford pour cet instrument, c'est-à-dire $2'',5 \sin z$, doit être complétée par un terme en $\cos z$, et qu'il faudrait en conséquence écrire ainsi cette formule de correction :

$$2'',5 \sin z + 1'',43 \cos z.$$

Les autres termes paraissent être très-petits et sont peut-être même négligeables.

Eh bien ! pour déterminer cette seconde partie de la flexion, il n'était nullement besoin d'avoir recours à une longue série d'observations, toujours difficiles, d'étoiles réfléchies ; il suffisait d'observer une seule fois avec l'instrument méridien d'Oxford un zénith artificiel, c'est-à-dire un collimateur

---

(*) *Voir* aussi le dernier alinéa de la note de la page suivante.

zénithal. Or, à Paris, cette opération ne présenterait aucune difficulté pendant les heures favorables de la nuit.

Ainsi les méthodes dont se servent les astronomes pour étudier ou éliminer les erreurs instrumentales (retournement, interversion de l'objectif et de l'oculaire, observation du ciel par réflexion) sont toutes applicables à Paris, avec cette seule clause, qu'au lieu d'observer des étoiles par réflexion on leur substituerait, ce qui vaut mieux de toute manière, des étoiles artificielles parfaitement observables pendant le calme des nuits. Quant aux déterminations de la verticale, origine des arcs mesurés dans le ciel, celles-là devant être faites à toutes les heures du jour, il suffira de substituer au bain de mercure les collimateurs à niveaux qui donneront identiquement le même résultat, sans parler de la flexion horizontale (*).

(*) Pour mieux préciser, désignons par :

u la lecture du cercle quand la lunette est pointée vers un astre dont la distance zénithale cherchée sera z;

U la lecture du cercle quand la lunette est pointée vers le zénith (nous supposerons que les erreurs de division ont été déterminées, le cercle étant placé horizontalement, et que les lectures u et U aient déjà été corrigées de ces erreurs; nous admettrons en outre que le limbe ait partout même température ou du moins que la moyenne de ses six microscopes équidistants soit sensiblement indépendante des petites inégalités de ce genre : cette égalité de température, impossible à obtenir dans les observations stellaires, est réalisée facilement quand il s'agit d'opérations sur l'instrument seul, en vue d'en étudier les erreurs propres les plus délicates);

$f(z)$ l'influence de la gravité sur toutes les parties de l'instrument, fonction inconnue qui peut toujours être remplacée par un nombre suffisant de termes de la série

$$a_1 \sin z + a_2 \sin 2z + a_3 \sin 3z + \ldots + b_1 \cos z + b_2 \cos 2z + b_3 \cos 3z + \ldots;$$

ρ la réfraction.

Nous aurons

(1) $$z = u - U + f(z) - f(0) + \rho.$$

L'origine des mesures angulaires U est ici le seul terme sur lequel porte la difficulté résultant des vibrations du sol, car il faut être en état de le déterminer à tout instant. Si on l'obtient par le nadir observé par réflexion sur un bain de mercure, $f(0)$ doit être remplacé dans (1) par $f(180°)$, et cette correction devient alors

$$- b_1 + b_2 - b_3 + \ldots$$

L'usage du bain de mercure ne donne donc pas le zénith vrai sur le limbe de l'instrument à moins qu'on n'ait dans cet instrument-là, par hasard, $- b_1 + b_2 - b_3 + \ldots = 0$.

Or on vient de voir qu'à Oxford l'ensemble de ces termes l'élève à $1''{,}43$. Si l'on obtient

En ce qui concerne l'observation du passage des astres au méridien, aucune contestation ne s'est élevée; on n'a même pas paru penser que les petites vibrations du sol pussent agir sur les pendules. La seule difficulté qu'on ait signalée est l'inconvénient des bruits de la ville, bruits qui empêchent d'entendre les battements de l'horloge. Je me bornerai donc moi-même à faire remarquer que l'astronomie actuelle est parvenue à se dégager complétement de ces inconvénients-là, en empruntant à la télégraphie électrique ses méthodes d'enregistrement où le sens de l'ouïe n'intervient en aucune façon. De plus il serait bien aisé de soustraire la pendule régulatrice aux trépidations du sol, en la transportant dans la couche de tem-

---

la lecture à l'origine U par la moyenne des pointés sur deux collimateurs horizontaux opposés, comme je l'ai dit dans le texte, il faudra mettre, au lieu de $f(0)$,

$$\frac{1}{2}f(-90°) + \frac{1}{2}f(+90°) = -b_2 - b_4 + \ldots,$$

quantité généralement bien moins sensible que la précédente. De cette manière on a U à tout instant, malgré les petites trépidations du sol.

Quant aux divers coefficients de la série $f(z)$, nous aurons : a_1 au moyen des collimateurs horizontaux préalablement dirigés l'un sur l'autre; b_1 au moyen du nadir et du zénith obtenu à l'aide d'un collimateur zénithal; b_2 en comparant avec 90 degrés l'angle mesuré sur le cercle entre l'un des collimateurs horizontaux et l'un des collimateurs verticaux; a_2 en mesurant un angle de 45 degrés et pour cela on aura à déterminer optiquement la bissectrice de l'angle droit des deux collimateurs précédents. (*Voir*, pour plus de détails le t. XXXI des *Comptes rendus*, 1850, *Sur les déclinaisons absolues des étoiles fondamentales*, p. 757 et suiv.)

Mais notez bien que ces dernières opérations ne ressemblent en rien à celles qui ont pour but de déterminer U. Cet U varie continuellement avec le temps; il dépend de la température variable de l'instrument, du sol et du pilier, de l'humidité ou de la sécheresse du sol, etc., etc. Il faut être en état de déterminer cet U, cette origine de toute mesure, à un instant quelconque, tandis que les constantes de la flexion instrumentale a_1, b_1, a_2, b_2, etc., sont invariables, au contraire, et n'ont besoin d'être déterminées qu'une fois. Si l'on y revient, c'est seulement quand l'instrument a été modifié dans quelque partie, ou à titre de vérification et à de longs intervalles. Rien n'empêche donc de se servir ici du bain de mercure, en mettant à profit les heures de tranquillité parfaite. La difficulté objectée à la station de Paris ne se présente que si l'on persiste à vouloir déterminer U par l'observation du nadir, et si l'on veut en outre observer chaque étoile directement et par réflexion dans l'espoir, théoriquement et pratiquement mal fondé, d'éliminer en bloc les effets de flexion, au lieu de déterminer ces effets directement et une fois pour toutes. On le fait déjà pour le premier terme $a_1 \sin z$: pourquoi ne pas agir de même pour les suivants, en épuisant tous les termes appréciables à l'aide de méthodes bien supérieures en exactitude aux observations d'étoiles par réflexion?

pérature invariable ; elle y trouverait, sous d'autres rapports, une bien meilleure installation qu'au niveau du sol.

Je conclus de cet examen sommaire, qu'au point de vue de l'étude approfondie des instruments, il est aisé de faire à Paris aussi bien que partout ailleurs. Mais, pour sortir de ces termes généraux, venons-en à l'Observatoire impérial lui-même dont il n'a pas encore été question jusqu'ici. Alors il ne suffit plus de parler des inconvénients généraux de Paris, tels que le bruit, les trépidations ou l'illumination du ciel : on signale encore l'influence nuisible de petites différences de niveau dans le sol environnant, celle du voisinage d'un bâtiment élevé, celle enfin des murs trop épais qui abritent les instruments. Nous avons nous-même étudié autrefois ces causes dont on ne précise pas les effets, mais nous ne saurions leur attribuer, pour les réfractions, l'influence désastrueuse sur laquelle on a insisté. Quoi qu'il en soit, il suffit de faire remarquer que ces causes ne sont pas spéciales à Paris, mais à l'état actuel de l'Observatoire. Les dénivellations du sol ? on peut les faire disparaître ; l'épaisseur des murs des cabinets d'observation ? on peut les remplacer par de minces cloisons ; le trop grand voisinage d'un bâtiment élevé ? on peut s'en éloigner davantage, si l'on s'est assuré, si l'on a démontré que ce voisinage est nuisible aux observations. Quant à l'illumination du ciel, la seule cause générale imputable à Paris tout entier, elle n'a jamais nui aux observations méridiennes les plus délicates, puisque les astronomes éclairent bien plus vivement encore le champ de leurs lunettes méridiennes, où il s'agit de mesurer et non de contempler. Je me trompe, il existe encore une cause générale : c'est l'action qu'une grande ville exerce sur la distribution des températures dans les couches atmosphériques qui reposent sur elle ; mais cette action n'est que soupçonnée ; je ne connais aucune série d'observations qui lui assigne une valeur appréciable. D'ailleurs cette cause, si elle est réelle, s'atténue progressivement par l'extension de la ville vers le sud et par les grands travaux qui ont eu précisément pour résultat de rapprocher les températures parisiennes de celles de la campagne environnante.

Je termine en déclarant que mon but n'est pas encore de discuter l'utilité de la translation de l'Observatoire impérial hors de Paris, mais de contester certaines assertions trop absolues. A mon avis, la question de l'Observatoire se réduit à ceci :

Peut-on loger les astronomes près des locaux consacrés aux observations ?

Peut-on donner aux bâtiments d'observation l'extension nécessaire ou désirable ?

Peut-on placer utilement à l'Observatoire des instruments extra-méridiens d'une très-grande puissance?

Dans le cas où ces trois questions seraient résolues négativement, je voterais pour la translation de l'Observatoire dans une localité plus favorable à l'ensemble de ses travaux, conformément au vœu de la presque unanimité des observateurs actuels. Mais il ne me paraît nullement nécessaire pour cela de proclamer que Paris est à tout jamais impropre aux recherches astronomiques de haute précision. Ne décourageons pas ceux qui voudraient instituer à Paris, et non ailleurs, des recherches astronomiques. N'empêchons pas le Gouvernement d'y favoriser ultérieurement la fondation de petits observatoires, où des astronomes pourraient se former, où des observateurs non officiels pourraient faire de grandes choses, comme autrefois Delambre, Lacaille et le Français Lalande. En un mot, ne lions pas les mains des particuliers, des corps savants et du Gouvernement lui-même par des déclarations solennelles, dont le moindre inconvénient serait de présenter de simples difficultés faciles à surmonter comme des impossibilités radicales.

INSTITUT IMPÉRIAL DE FRANCE.

ACADÉMIE DES SCIENCES.

COMMISSION DE L'OBSERVATOIRE.

PIÈCE N° 6, SÉANCE DU 27 JUIN 1868.

RÉPONSE A LA NOTE DE M. FAYE,

Par M. DELAUNAY.

L'argumentation de M. Faye se réduit à peu près à ceci :
Vous voulez transporter l'Observatoire hors Paris, mais les raisons que vous donnez pour cela sont dangereuses. Il n'est nullement nécessaire de proclamer que Paris est à tout jamais impropre aux recherches astronomiques de haute précision. Il faut vous appuyer uniquement sur des considérations d'une autre nature, savoir :

1° L'impossibilité de loger les astronomes près des locaux consacrés aux observations;

2° L'impossibilité de donner aux bâtiments d'observation l'extension nécessaire ou désirable;

3° L'impossibilité de placer utilement à l'Observatoire des instruments extra-méridiens d'une très-grande puissance.

Je réponds à cela que la Commission ne se propose nullement de chercher des raisons pour appuyer le projet du déplacement de l'Observatoire impérial. Elle est chargée d'examiner si ce déplacement est utile et même nécessaire aux intérêts de la science; et si elle trouve des raisons suffisantes pour proposer ce déplacement, elle doit les faire connaître sans exagé-

D.

-ration, mais aussi sans atténuation aucune. La vérité tout entière doit être dévoilée; c'est notre devoir de la faire connaître : l'intérêt de la science l'exige.

En résumant tous les renseignements qui nous ont été fournis par les hommes les plus compétents, on peut formuler ainsi les inconvénients que présente l'Observatoire actuel :

1° Inconvénients résultant de la situation de l'Observatoire dans l'intérieur de Paris :

Trépidations du sol, ce qui empêche l'emploi des observations par réflexion ;

Défaut de transparence de l'air, ce qui empêche l'emploi de forts grossissements ;

Illumination du ciel par les becs de gaz, ce qui empêche d'apercevoir les astres très-faibles.

2° Inconvénients résultant de la disposition et de la faible étendue du terrain, ainsi que des constructions existantes :

Défaut d'horizontalité des couches d'air de même densité, ce qui produit des réfractions anormales ;

Impossibilité de loger les astronomes près des locaux consacrés aux observations ;

Impossibilité d'installer convenablement des instruments de grandes dimensions et d'une grande puissance.

Tels sont les points sur lesquels nous avons à nous prononcer et qui doivent servir de base à notre résolution finale.

Le fâcheux état de choses sur lequel nous avons à émettre un avis s'explique tout naturellement. L'emplacement choisi pour l'Observatoire, il y a deux siècles, ne présentait à l'origine aucun des inconvénients que l'on signale maintenant à notre attention. Mais la ville s'est agrandie peu à peu ; dans son expansion progressive elle a atteint puis dépassé l'Observatoire, qui était d'abord isolé au milieu des champs, et qui est actuellement entouré de quartiers populeux. Les conditions dans lesquelles se trouvait cet Établissement scientifique sont devenues de moins en moins bonnes, surtout dans ces derniers temps; et en même temps les exigences de la science, en fait de précision, n'ont fait que s'accroître à mesure que nos connaissances astronomiques se sont étendues. Il est clair que, de ces deux circonstances réunies, il ne peut manquer de résulter, un jour ou l'autre, la nécessité de transporter l'Observatoire dans des conditions meilleures, si l'on ne veut pas se résigner à le laisser dans un état d'infériorité marquée vis-à-vis des principaux observatoires étrangers. Notre mission consiste à examiner si le moment est venu de procéder à cette transformation radicale de notre premier établissement astronomique.

INSTITUT IMPÉRIAL DE FRANCE.

ACADÉMIE DES SCIENCES.

COMMISSION DE L'OBSERVATOIRE.

PIÈCE N° 7, SÉANCE DU 27 JUIN 1868.

DISCUSSION

DE

L'OPINION EXPRIMÉE PAR M. FAYE,

DANS LA SÉANCE DU 20 JUIN 1868,

PAR M. YVON VILLARCEAU.

M. Faye conteste l'exactitude des assertions des astronomes de l'Observatoire impérial; la Commission trouvera tout naturel que je prenne devant elle la défense de mes collègues absents, en me défendant moi-même.

Il n'était pas difficile à M. Faye de faire justice d'assertions exagérées; mais on le reconnaîtra, l'exagération est le fait de notre confrère, au moins en ce qui me concerne personnellement : M. Faye « ne peut, dit-il, admettre à aucun titre cette assertion absolue, qu'il est impossible de faire à Paris de *bonnes observations* et que *tous* les travaux qui y ont été exécutés sont entachés d'erreurs. » J'ai déclaré qu'un observatoire qui ne peut plus poursuivre utilement la détermination des positions des étoiles fondamentales déchoit au second rang; et j'ai ajouté que si les conditions locales

Y. V.

s'opposent à ce qu'on y entreprenne des travaux de recherche d'astres très-faibles et à ce qu'on y utilise de puissants instruments, cet observatoire se trouve dans des conditons d'infériorité par rapport à beaucoup d'observatoires de deuxième ordre qui sont établis dans des localités où ces travaux s'exécutent. Telles sont les assertions dont j'ai fait l'application à l'Observatoire de Paris; mais je n'ai pas dit qu'on n'y puisse faire encore de *bonnes observations* et que *tous* les travaux de cet observatoire soient entachés d'erreurs.

Examinons la question de l'emploi du bain de mercure, dans les observations méridiennes des déclinaisons des étoiles, sous deux points de vue : celui de la détermination de la verticale, et son usage pour observer les étoiles par réflexion.

Détermination de la verticale. — Nous sommes tous d'accord avec M. Faye, sur la nécessité, pour l'observateur, de disposer d'appareils qui lui permettent de déterminer à tout instant la direction de la verticale, et nous repoussons comme lui la proposition, faite par un de nos savants confrères, d'éluder l'emploi du bain de mercure « en remplaçant la verticale absolue par quelque autre ligne placée arbitrairement, ligne dont la fixité douteuse *à priori* ne pourrait être vérifiée qu'à de longs intervalles. »

Il est nécessaire ici de spécifier les deux instruments méridiens employés pour obtenir la déclinaison des étoiles : l'un, mobile autour d'un axe vertical et particulièrement en usage à l'Observatoire de Poulkova, porte le nom de *cercle vertical*; l'autre, dans lequel le plan du cercle occupe une position invariable, est le *cercle mural* (le *cercle méridien*, qui forme une troisième classe d'instruments méridiens, peut, dans la question qui nous occupe, être confondu avec le cercle mural).

Au *cercle vertical*, chaque étoile est observée un peu avant son passage au méridien, le cercle étant d'un côté de l'axe central, puis une seconde fois, un peu après son passage au méridien et le cercle étant du côté opposé. Le niveau à bulle d'air dont l'appareil est pourvu s'observe dans les deux positions de l'instrument, et la moyenne des lectures combinées des divisions du cercle et du niveau fournit la direction de la verticale. Cet instrument permet ainsi d'obtenir la verticale avec facilité et exactitude, sans recourir au bain de mercure : n'en concluons pas toutefois que l'on puisse se dispenser d'employer le bain de mercure à un autre usage.

Passons au *cercle mural.* La direction du zénith, ou plutôt celle du nadir, s'obtient à l'aide du bain de mercure, dans tous les observatoires qui emploient cet instrument. M. Faye propose d'y suppléer, au moyen de deux collimateurs horizontaux, et, après en avoir décrit l'emploi et montré que la direction du zénith s'obtient en prenant la moyenne des observations faites sur les deux collimateurs, il ajoute : « Tels sont les procédés que l'on suit depuis un quart de siècle à Poulkova. » Il me sera permis de distinguer : 1° les collimateurs ne servent pas à la détermination du zénith, dans les observations faites au cercle vertical, mais à l'étude de la flexion ; 2° quant au cercle méridien, analogue du cercle mural, on n'emploie les collimateurs horizontaux qu'au commencement et à la fin des séries d'observations, à moins qu'il ne s'agisse d'observations isolées. Cela se conçoit : en effet, le niveau doit être appliqué quatre fois sur chaque collimateur; au milieu de l'opération, il faut retourner de 180 degrés le tube du collimateur sur son axe et pointer deux fois la lunette sur ce collimateur. L'opération consiste donc en huit observations du niveau et quatre observations des axes optiques des collimateurs au moyen de la lunette du cercle méridien. Une opération si compliquée n'est pas de celles que l'on puisse effectuer *à tout instant et avec la dernière précision*, comme le demande M. Faye : elle ne saurait être comparée, pour sa rapidité, avec un pointé nadiral, effectué au moyen du bain de mercure. Les collimateurs horizontaux sont utilisés dans l'étude des flexions, à Poulkova, à Greenwich et à Paris. Rien aujourd'hui ne peut suppléer pratiquement l'emploi du bain de mercure, dans la détermination du lieu du zénith sur un cercle mural. L'observation des collimateurs horizontaux, pratiquée fréquemment, aurait pour résultat de réduire considérablement le nombre des observations des étoiles. Ces appareils sont plus convenablement appropriés à l'étude des flexions, dont nous allons actuellement nous occuper.

Étude des flexions verticales. — « Plusieurs personnes, dit M. Faye, paraissent être d'avis que le bain de mercure et l'observation des étoiles par réflexion sur ce miroir est le seul moyen d'éliminer *en bloc* toutes les erreurs dues aux flexions. » « *Un raisonnement bien simple*, ajoute-t-il, indique en effet que la moyenne de deux observations faites l'une directement, l'autre par réflexion, *serait indépendante de toute influence de la gravité*, par suite de compensation *exacte* entre des effets opposés, mais *égaux*. »

Je dois déclarer d'abord qu'aucun des astronomes de l'Observatoire n'admet la possibilité d'éliminer *en bloc* toutes les erreurs dues aux flexions, en combinant simplement les observations directe et réfléchie d'une même étoile. Ils ne pourraient pas d'ailleurs trouver suffisamment rigoureux le raisonnement qui paraît simple à M. Faye. Pour que la proposition énoncée fût vraie, il faudrait que la figure de la lunette dirigée sur le bain de mercure fût symétrique, par rapport au plan de l'horizon, avec la figure de la même lunette dirigée sur une étoile. Or cette symétrie n'a évidemment pas lieu.

Les astronomes de l'Observatoire veulent faire des observations par réflexion, en nombres suffisants pour déterminer les *diverses* erreurs dues aux flexions, attendu qu'aucune autre méthode pour arriver à ce résultat n'a encore été mise en pratique; ces observations, ils veulent les effectuer par des températures diverses, afin de s'assurer si le coefficient d'élasticité ne varie pas avec la température, ainsi qu'il semble résulter de quelques expériences de Wertheim; mais ces questions résolues, il n'entre pas dans leur pensée de poursuivre les observations par réflexion, pour en déduire les déclinaisons des étoiles.

M. Faye rappelle comment les coefficients de trois des termes du premier et du second ordre peuvent se déduire des observations de collimateurs horizontaux, d'un collimateur zénithal et de l'observation du nadir; puis il nous propose un moyen très-ingénieux d'obtenir le coefficient du dernier terme du deuxième ordre, qui dépend du sinus du double de la distance zénithale : ce moyen consiste dans l'installation d'un collimateur sous une inclinaison exacte de 45 degrés. Mais ce procédé est purement inapplicable aux instruments méridiens déjà établis ; il ne serait de quelque utilité, que si l'on installait l'instrument dans un local spécial, hors de la salle des observations, pour y séjourner le temps nécessaire à l'étude des flexions. Il faut bien qu'il en soit ainsi, puisque, malgré ces avantages apparents et bien qu'il se soit écoulé une vingtaine d'années depuis que M. Faye a publié ses idées sur ce sujet, aucun observatoire n'a encore fait l'application des méthodes qu'il recommande.

L'Observatoire de Poulkova est incontestablement celui où l'étude des instruments a été poursuivie avec le plus grand soin. Notre honorable confrère s'est appuyé sur la pratique suivie dans cet important établissement, pour justifier l'exclusion du bain de mercure. Voyons cependant jusqu'à quel point on y a proscrit l'emploi d'un si précieux appareil.

Dans la description de l'Observatoire de Poulkova, W. Struve, après avoir fait remarquer que les observations directes des étoiles et celles faites par réflexion doivent conduire au même résultat, lorsque les unes et les autres ont été préalablement corrigées des diverses erreurs instrumentales, termine ainsi (1) : « Voilà le *contrôle final* auquel nous pourrons soumettre les mesures faites avec notre cercle vertical ». Ainsi, suivant cet illustre astronome, le controle des observations de déclinaison résultera de la comparaison des observations faites directement et par réflexion sur le bain de mercure. Entièrement d'accord avec W. Struve, nous insistons sur la nécessité de ce controle. Dans une *Théorie du Cercle Mural*, écrite il y a une quinzaine d'années, j'ai fait une étude minutieuse des moyens de déterminer les flexions par des procédés dépendants ou indépendants de l'emploi du bain de mercure : En combinant par exemple l'usage de cet appareil avec le procédé de Struve qui consiste à échanger les systèmes objectif et oculaire, la difficulté de la détermination des flexions est réduite à moitié.

Je prie la Commission de vouloir bien accueillir, à titre de renseignements, un exemplaire lithographié d'un Mémoire dont il n'existe qu'un petit nombre d'épreuves, et qui n'a pas reçu d'autre publicité, parce que je n'ai pu recueillir, à l'Observatoire impérial de Paris, des observations faites par réflexion, en nombre suffisant pour joindre des applications numériques à l'exposé de la théorie.

Concluons, de ce qui précède, que le bain de mercure ne peut être aujourd'hui remplacé pratiquement par aucun autre appareil, pour la détermination du zénith ou du nadir, dans les instruments méridiens analogues au cercle mural, et que, si l'on peut s'en passer pour la détermination du zénith avec le cercle vertical, on ne peut pas plus, avec cet instrument qu'avec les précédents, en éviter l'emploi, lorsqu'on tient à se ménager des moyens de controle.

Je voulais éviter de parler des passages méridiens des étoiles observés à l'Observatoire de Paris. M. Faye, en faisant remarquer qu'à leur sujet aucune contestation ne s'est élevée, m'oblige à dire ma pensée sur ce point. M. Faye n'ignore pas les incertitudes et les erreurs qui naissent de la difficulté d'observer la mire méridienne, puisqu'il a lui-même proposé d'établir un tube de 80 mètres de longueur, pour mettre la trajectoire lumineuse à l'abri des réfrations horizontales produites, dans le voisinage du sol, par l'inégale densité des couches atmosphériques de niveau. De là, la nécessité de multiplier les observations de toute nature, pour obtenir des moyennes affranchies en partie des erreurs provenant de la mire. Malgré cela, les as-

---

(1) *Description de l'Observatoire astronomique central de Poulkova*, p. 147.

censions droites obtenues seraient excellentes, et deux preuves ont été produites à l'appui de cette assertion. L'une repose sur la concordance des résultats obtenus dans les deux positions de l'instrument (la différence des moyennes n'excédant pas $0^s,02$); l'autre résulterait de l'accord des ascensions droites obtenues à Paris, avec celles qui ont été observées à Greenwich. Suivant moi, l'accord dans les deux positions de la lunette prouve seulement qu'il a été tenu un compte suffisant des diverses corrections instrumentales, relativement au mode de réduction mis en pratique; mais cet accord ne prouve nullement que les positions obtenues soient exemptes de l'effet moyen des réfractions anormales. En d'autres termes, ces influences vinssent-elles à vicier les observations de plusieurs secondes, l'accord dont il s'agit n'en existerait pas moins. Quant à la concordance avec le catalogue de Greenwich, elle n'est pas de tous points satisfaisante, puisqu'on trouve des différences montant à 1 seconde d'arc, sur des étoiles de faible déclinaison. En outre, comme l'instrument de Greenwich ne se retourne pas, l'effet des flexions latérales n'est pas éliminé, et dès lors on ne peut logiquement rien conclure (1).

J'ai évité également de citer un fait qui ne manque pas d'importance et que la Commission appréciera sans doute. En consultant celui des tableaux contenus dans le Mémoire de M. Auwers sur les déclinaisons des étoiles fondamentales, qui se rapporte aux erreurs accidentelles des divers catalogues, on trouve que l'erreur moyenne d'une observation isolée, correspondante au catalogue de l'Observatoire de Paris et celle correspondante au catalogue de notre confrère M. Laugier, sont dans un rapport tel, qu'il faut aujourd'hui faire *trois fois* plus d'observations de déclinaison qu'en 1852, pour obtenir un résultat d'une précision donnée. Cependant, l'instrument de Gambey a reçu, depuis cette époque, des améliorations sérieuses et il a été mis entre les mains d'observateurs suffisamment exercés. D'où peut donc venir une telle différence? On sait que les habitations ont, depuis 1852, envahi le sud de Paris; l'état déjà vicié des couches atmosphériques inférieures n'a fait qu'empirer; d'autre part, l'accroissement de la circulation a contribué

---

(1) La comparaison des observations de Paris avec celles d'un autre observatoire, qui seraient exemptes de l'effet des flexions latérales, peut seule établir, dans l'état actuel des choses, l'exactitude de nos ascensions droites. Si l'accord se réalise, et que l'on compare ensuite les observations de Greenwich au résultat obtenu, le classement des discordances, par ordre de distances à l'équateur, fera connaître si les positions de Greenwich sont ou non affectées de l'effet des flexions latérales, et fournira en même temps une valeur approximative de ces flexions.

(7)

à rendre impraticable l'observation du nadir pendant le jour et une grande partie de la nuit. Ces circonstances suffisent à expliquer le fait dont il s'agit.

Présentons une dernière remarque sur les propositions de M. Faye. Pour échapper aux inconvénients des bruits produits par les cloches et les voitures, qui empêchent d'entendre les battements des pendules, le moyen serait, suivant lui, de recourir à l'enregistrement électrique du temps. J'ai déjà dit à ce sujet, et je suis obligé de le répéter, qu'aucun directeur d'observatoire ne voudrait consentir à la suppression, en toutes circonstances, de la méthode d'observer les passages, qui repose sur l'estime du temps.

Je maintiens donc, malgré les critiques de notre honorable confrère, tout ce que j'ai inséré dans les *Comptes rendus*, sur la question du transfert : impossibilité de déterminer *sûrement*, à l'Observatoire actuel, les positions des fondamentales, tenant à l'état de l'atmosphère et aux vibrations du sol; impossibilité d'y effectuer les mesures précises qui exigent l'emploi d'instruments puissants, produite par le défaut d'homogénéité de l'air dans le voisinage des instruments; impossibilité de découvrir les astres faibles, tels que les comètes, et d'en poursuivre les observations, résultant de l'illumination de l'atmosphère par les becs de gaz qui éclairent les rues de la ville de Paris.

Contrairement à l'opinion de M. Faye, je crois nécessaire de faire connaître au Gouvernement et aux astronomes amateurs les chances défavorables auxquelles ils s'exposeraient en établissant des observatoires destinés à effectuer les travaux que je viens d'énumérer. Heureusement ce ne sont pas les seuls qu'on puisse se proposer d'exécuter, et il conviendra toujours d'encourager des tentatives à faire dans une direction pouvant offrir une issue.

Insistons donc auprès du Gouvernement, pour obtenir l'établissement d'un observatoire astronomique digne de la France, dans une localité voisine de Paris et exempte des nombreux inconvénients que présente l'Observatoire actuel. Nous regagnerons ainsi le terrain perdu, et l'astronomie française, pour rivaliser avec les nations étrangères, n'aura plus qu'à réclamer l'établissement d'observatoires de moindre importance, sur d'autres points de notre territoire.

GAUTHIER-VILLARS, IMPRIMEUR-LIBRAIRE DES COMPTES RENDUS DES SÉANCES DE L'ACADÉMIE DES SCIENCES.
Paris. — Rue de Seine-Saint-Germain, 10, près l'Institut.

INSTITUT IMPÉRIAL DE FRANCE.

ACADÉMIE DES SCIENCES.

COMMISSION DE L'OBSERVATOIRE.

PIÈCE N° 8, SÉANCE DU 27 JUIN 1868.

RÉPONSE DE M. FAYE

A LA NOTE DE M. VILLARCEAU.

M. Villarceau pense que j'ai eu, dans ma Note, le dessein de critiquer les communications qu'il a faites à l'Institut sur les inconvénients de l'Observatoire. Il n'en est rien; si j'avais eu cette intention, je me serais adressé à l'Académie elle-même, et alors, au lieu de la question toute spéciale que j'ai traitée ici samedi dernier, j'aurais donné à mon travail une autre tournure et d'autres développements, car mon dissentiment avec M. Villarceau va beaucoup plus loin. Mais je n'ai pas voulu prendre part à ces débats publics; je me suis borné à remplir ici mon devoir envers la Commission en lui donnant mon avis sur cette assertion émise devant nous par plusieurs personnes très-compétentes, à savoir qu'il est impossible de faire à Paris des observations méridiennes de haute précision.

M. Villarceau croit que l'on ne saurait réussir sans l'emploi continu du bain de mercure; il objecte, à l'emploi des collimateurs horizontaux, les huit retournements de niveau qu'exigerait la détermination du zénith. J'ajouterai qu'il en faudrait encore d'autres pour vérifier l'égalité des collets; j'avouerai même que l'opération complète prendrait beaucoup de

F.

temps à cause de la lenteur de la bulle dans les grands niveaux. Mais toutes ces opérations ne sont pas journellement nécessaires quand on sait se délivrer d'une certaine cause d'erreur très-délicate que l'on rencontre dans les appareils analogues installés et employés depuis vingt-cinq ans à Poulkova : un seul collimateur suffit alors pour la détermination courante du zénith, ce qui réduit de moitié le nombre et la durée des opérations (1). En outre, si les appareils sont bien construits et bien abrités, l'opération se simplifiera encore, et l'on ne sera pas forcé de répéter chaque fois toutes les rectifications. Ces retournements peuvent s'opérer d'ailleurs sans difficulté, avec une extrême délicatesse, à l'aide du mouvement continu d'une simple manivelle.

M. Villarceau critique l'explication que j'ai cru devoir donner dans ma Note pour bien faire comprendre l'idée de ceux qui voient dans les observations par réflexion le moyen d'éliminer en bloc tous les effets de la gravité. Notre savant confrère a oublié deux choses : 1° je n'ai point cité cette opinion comme étant mienne, mais comme étant celle qui paraît diriger la pratique journalière de plusieurs observatoires; 2° bien loin d'adopter le raisonnement qu'il critique, c'est moi qui, le premier, ai montré que ces observations par réflexion sont *insuffisantes* pour éliminer tous les effets de la flexion, même quand on les combine, comme le voulait Bessel, avec le retournement de l'instrument (2). Il ne serait donc pas équitable de m'attribuer cette opinion et de se donner ainsi le facile avantage de venir m'en démontrer l'erreur.

M. Villarceau m'objecte ensuite que les procédés que j'ai proposés autrefois pour l'étude complète et approfondie de la flexion instrumentale n'ont jamais été employés dans aucun observatoire. Cela est vrai; j'en ai même un peu souffert. Mais il n'en doit résulter aucune défaveur scientifique, car ce n'est pas la première fois qu'on a négligé à tort, pendant vingt

---

(1) Mais il faut aussi que l'observateur tienne compte de son erreur personnelle de pointé sur laquelle M. Laugier vient de nous donner d'intéressants détails. Cette erreur varie avec la position de l'observateur, avec la forme des réticules, et même avec la grandeur des disques factices des étoiles observées. Il y a, pour la déterminer, des procédés aussi simples qu'efficaces.

(2) *Comptes rendus des séances de l'Académie des Sciences*, t. XXXI, 1850, p. 761, ligne 3. Je dis d'ailleurs de la manière la plus nette, dans la Note même que M. Villarceau a eue sous les yeux en écrivant sa réponse (p. 5, ligne 5 en remontant), que l'espoir d'éliminer en bloc les effets de la flexion au moyen de l'observation du ciel réfléchi est mal fondé pratiquement et *théoriquement*.

ans et plus, d'utiles inventions. Il y en a des exemples bien célèbres en astronomie (1). L'argument aurait quelque valeur si les astronomes avaient trouvé quelque autre méthode égale ou préférable à la mienne; mais je ne sache pas qu'en aucun observatoire on ait encore soumis les cercles placés dans le méridien à une étude complète, et c'est précisément à cette grave lacune, signalée par moi il y a dix-huit ans, qu'il faut attribuer une partie des discordances des catalogues fondamentaux dont les astronomes se montrent enfin si préoccupés, sans être encore en état de dire de quel côté sont les erreurs. On ne sortira de cette incertitude qui entrave les progrès de l'astronomie de précision, qu'à la condition d'étudier les instruments d'une manière complète, soit par mes méthodes auxquelles un juge compétent, M. Lœwy, a bien voulu faire allusion dans sa Note, soit par d'autres procédés si on en trouve de meilleurs.

J'ai cité comme exemple frappant de ces incertitudes la discordance persistante de $1'',43$ qui se trouve entre les zenith-points conclus à Oxford de l'observation des étoiles par réflexion et les zenith-points conclus du nadir par la simple addition de 180 degrés. Pour en rendre compte et pour faire disparaître tout arbitraire dans les calculs de réduction, il suffirait de recourir une seule fois au collimateur zénithal que j'ai proposé il y a vingt-deux ans. Est-ce ma faute si en Angleterre on n'a pas encore utilisé cette invention si simple, et cela prouve-t-il qu'elle soit mauvaise? Ce qu'il y a de sûr, c'est qu'en Angleterre, malgré la grande supériorité des astronomes de Greenwich, de Cambridge, d'Oxford, etc., on n'a pas encore réussi à résoudre cette difficulté (2).

M. Villarceau pense que l'emploi de mes collimateurs est impraticable, bien qu'il ne les ait jamais essayés, et l'on vient de me faire remarquer que mes procédés auraient au moins besoin de la sanction de l'expérience. Il n'en est rien : rien de plus aisé que de placer un collimateur zénithal au-

---

(1) Sans sortir de l'Observatoire de Paris, qui ne sait l'indifférence et les obstacles de toute sorte que les inventions de Picard et Rœmer y ont rencontrés? Les instruments méridiens dont tout le monde se sert aujourd'hui sont précisément ceux que Rœmer avait inventés et dont personne ne voulut d'abord. De 1700 à 1820 il s'est écoulé plus d'un siècle, et pendant ce siècle les astronomes se sont obstinés à employer des quarts de cercle, malgré Rœmer, qui conseillait de n'employer que des cercles entiers. C'est un siècle presque entièrement perdu pour le genre de précision astronomique dont il s'agit ici.

(2) *Voir*, à ce sujet, le dernier tome des *Observations d'Oxford*, vol. XXIII, p. XXXIX et suiv. de l'Introduction.

dessus d'un cercle mural comme ceux de Paris, et l'expérience n'est nullement nécessaire pour s'assurer de l'efficacité d'un procédé si simple, car il est aussi certain qu'un collimateur zénithal donnera le zénith, qu'il est certain qu'une lunette dirigée vers un bain de mercure donne le nadir.

Pour s'effrayer des autres difficultés, par exemple de l'emploi de deux collimateurs opposés sous des inclinaisons diverses, il faudrait oublier que dans tout couple de collimateurs on peut toujours remplacer une des deux lunettes par un simple miroir plan. Quant au temps ou à la dépense, des difficultés de cette nature pourraient-elles être objectées par ceux qui mettent à si haut prix l'exactitude des catalogues fondamentaux?

M. Villarceau, si je l'ai bien compris à cette seule audition, semble me reprocher d'avoir présenté les constantes de la flexion comme des quantités absolument invariables. Il fait observer que ces termes dépendent de l'élasticité du métal, laquelle varie un peu avec la température. Il aurait dû remarquer qu'en parlant comme je l'ai fait, j'avais uniquement pour but de faire contraster le caractère des constantes a_1, b_1, a_2, b_2,..., avec celui d'un terme essentiellement variable qui se trouve dans la même formule de réduction. Ce contraste est parfaitement réel, mais cela ne veut pas dire que ces constantes, déjà très-petites par elles-mêmes, ne puissent subir de très-légères variations, soit avec le temps par suite de variations moléculaires dans les masses métalliques, soit par des changements très-notables de température. En donnant le moyen de déterminer aussi souvent qu'on le voudra ces constantes, et de s'assurer si la fonction où elles figurent représente bien les effets de la gravité, j'ai donné, par cela même, le moyen d'en déterminer les variations dans tous les cas où elles deviendraient appréciables.

Je demande la permission de revenir sur cette considération que les astronomes lutteront en vain contre les discordances systématiques de leurs catalogues fondamentaux tant qu'ils les attribueront exclusivement à des circonstances locales; une question encore plus importante à mon avis, c'est l'étude complète des instruments. Avant de les tourner vers le ciel, il faut s'assurer que ces instruments sont capables de mesurer, dans un plan vertical, certains angles de 180 degrés, de 90 degrés, et même de 45 degrés, que des combinaisons optiques fourniront avec toute l'exactitude requise. Il serait peu prudent de compter exclusivement sur le bain de mercure; l'observation des étoiles par réflexion, toujours inférieure en précision aux observations directes, est de plus sujette à quelques doutes, non pas seulement à cause de la répartition de la température dans la masse du bain (il est aisé de faire disparaître cette influence), mais surtout à cause de l'état inconnu des couches d'air qui reposent immédiatement sur le sol.

Quant aux observations des passages au méridien, la lecture des remarques critiques de M. Villarceau ne m'engagera probablement pas à modifier gravement ce que j'en ai dit, et, en résumé, je persiste à croire que l'on peut faire à Paris, malgré les petites trépidations du sol, l'illumination nocturne de l'atmosphère et les bruits diurnes de la ville, des observations méridiennes aussi bonnes que partout ailleurs. C'est chez moi une vieille conviction basée sur mes souvenirs de l'Observatoire et sur mes études personnelles. Cela ne veut pas dire assurément que les observateurs actuels aient tort de s'y trouver gênés et de désirer des conditions plus favorables; mais j'ai cru devoir établir avec quelque netteté les points sur lesquels il conviendrait, à mon avis, de faire porter l'enquête dont l'Académie nous a chargés. Je demande que nous ne présentions pas à l'Académie des arguments théoriquement mal fondés en soutenant que l'usage continuel du bain de mercure, dont on ne se sert pas partout, est indispensable à la rigueur des catalogues fondamentaux; je voudrais qu'on n'exagérât pas la portée de certains inconvénients en donnant à croire qu'il est impossible de rien faire de bon à Paris.

Dans ce que je dis il n'y a aucun parti pris de plaider la cause de l'énorme bâtiment qui porte le nom d'Observatoire de Paris. Il y a longtemps que ce bâtiment est condamné par l'opinion européenne; il a été condamné aussitôt que construit, témoin cette réponse de Rœmer à Leibnitz, qui le consultait sur les conditions d'un bon observatoire : « Il ne faut pas de ces observatoires de parade où l'on est obligé d'accommoder les instruments à la bâtisse; c'est la bâtisse qu'il faut accommoder aux instruments. » On l'a dit depuis longtemps, la seule partie de l'Observatoire impérial qui soit digne de ce nom, c'est la petite aile de gauche, c'est-à-dire le moderne et modeste cabinet d'observation reconstruit par Arago. Peut-on donner à cette toute petite aile, c'est-à-dire à l'Observatoire véritable, l'extension nécessaire? Telle est, à mes yeux, la première question. Peut-on loger les astronomes à proximité de leurs instruments? Telle est la seconde. Peut-on ériger utilement sur ces terrains de puissants instruments extra-méridiens? Telle est la troisième. Sous ce dernier rapport je suis frappé de ce que je viens d'apprendre sur l'impossibilité d'en établir sur le haut de l'Observatoire, où je n'avais jamais employé moi-même que des lunettes d'une faible puissance.

Cette manière de poser la question ne me ferme pas les yeux sur les autres difficultés moins graves, et je suis tout disposé à en tenir grand compte si nous sommes obligés de chercher un autre emplacement pour un nouvel Observatoire impérial. J'émets d'ailleurs le vœu qu'il soit permis à quelque astronome d'utiliser ce qui restera de l'ancien établissement. Il y pourra rendre encore des services à la science et mettre journellement à profit, pour le progrès des observations et des méthodes, les relations intellectuelles de toute sorte qui se trouvent forcément concentrées à Paris.

INSTITUT IMPÉRIAL DE FRANCE.

ACADÉMIE DES SCIENCES.

COMMISSION DE L'OBSERVATOIRE.

PIÈCE N° 9, SÉANCE DU 27 JUIN 1868.

OPINION DE M. BECQUEREL

SUR LA TRANSLATION DE L'OBSERVATOIRE HORS DE PARIS.

La Commission nommée par l'Académie pour étudier les questions relatives à la translation de l'Observatoire, à la destination à donner aux bâtiments actuels et à l'aliénation des terrains qui en dépendent, a examiné avec soin les difficultés qui s'opposent, suivant MM. les Astronomes, aux observations; il lui reste maintenant à conclure.

Je me bornerai à examiner, sous le point de vue terrestre et météorologique ces diverses questions, puis je soumettrai à la Commission quelques observations qui lui feront connaître mon opinion sur la résolution à prendre.

Il y a trois causes qui troublent les observations astronomiques et contre lesquelles il faut se mettre en garde :

1. Les trépidations du sol, qui s'opposent à la détermination du nadir et aux observations des étoiles par réflexion ;

2. La constitution plus ou moins vaporeuse de l'atmosphère, qui s'oppose à l'emploi de lentilles à forts grossissements ;

B.

3. La réverbération des lumières innombrables qui éclairent Paris pendant la nuit, et empêchent d'observer les astres très-peu lumineux.

Examinons d'abord les deux premières causes. Les bassins des fleuves, comme celui de la Seine par exemple, sont toujours le siége d'une évaporation incessante qui est d'autant plus forte que la température est plus élevée; les vapeurs formées gagnent les régions supérieures de l'atmosphère, s'y condensent et y produisent des cumulus ou nuages de jour, lesquels commencent à redescendre quelques heures avant le coucher du soleil, quand la terre se refroidit par l'effet du rayonnement céleste; en sorte que les parties inférieures de l'atmosphère, jusqu'à une certaine hauteur, qui sont très-sèches dans la journée, deviennent humides peu à peu pendant la nuit jusqu'au lever du soleil, et se couvrent de brumes plus ou moins légères en été, lesquelles troublent la transparence de l'air. Cet état de choses a lieu bien au delà du bassin de la Seine quand les vents surtout déplacent les cumulus; on en a la preuve à Fontenay-aux-Roses et sur le plateau contigu où j'ai lieu de croire, d'après les renseignements que j'ai recueillis, que la réverbération produite par la réflexion des lumières sur les vapeurs est à peu près la même qu'à l'Observatoire, fait que pourront vérifier, au surplus, les astronomes préposés par la Commission pour faire, sur différents points des environs de la capitale, des observations simultanées sur les mêmes astres à différentes hauteurs au-dessus de l'horizon.

Où faudrait-il donc se placer pour être tout à fait à l'abri des vapeurs et de la réverbération des lumières? L'expérience seule le dira. Il faudrait, suivant moi, se placer probablement sur le plateau de la Beauce, non à la lisière, mais beaucoup plus loin; la limite serait aux points situés à égale distance des bassins de la Loire et de la Seine. Il faut en appeler, au surplus, avant de se prononcer, à des observations faites, pendant une année au moins, car chaque saison, dans les bassins des fleuves, a son état hygrométrique particulier, différent de celui des plateaux.

Les pays à forêts ou à grands bois se comportent, à cet égard, comme les bassins des fleuves, aussi ne doit-on pas y placer des observatoires. Quant aux différences de densité des couches inférieures de l'air qui, par leur mélange continuel, empêchent de déterminer avec exactitude la position d'un astre, on sait, par les observations faites à Montpellier, à Genève, à Paris, à Bruxelles, etc., que pendant le jour, par suite de la radiation du sol, la température de l'air va en augmentant jusqu'à une trentaine de mètres au-dessus de ce dernier; que, pendant la nuit, les effets sont inverses, et que, lorsque l'air est brumeux, les effets de température résultant du rayonnement du sol sont plus ou moins complexes. Cet état de choses dépend aussi de la nature du sol et de son pouvoir rayonnant. Cette difficulté se rattache donc à l'état de l'atmosphère.

En mentionnant les difficultés météorologiques, je suis amené naturellement à parler d'une autre question sur laquelle la Commission n'a pas à statuer, et qui doit cependant attirer son attention, je veux parler de l'observatoire météorologique, dont l'établissement exige d'autres conditions que celles qui conviennent à un observatoire astronomique; il existe aujourd'hui des établissements de ce genre dans toutes les capitales de l'Europe.

Un observatoire météorologique est destiné à réunir tous les éléments qui servent à caractériser un climat, ainsi qu'à faire des observations simultanées, à des époques convenues dans tous les établissements de ce genre.

Or, le climat d'un lieu changeant d'un point à un autre point voisin, il faudrait placer l'observatoire dans un lieu représentant, pour ainsi dire, le climat moyen; condition très-difficile à remplir.

La détermination d'un climat est importante à faire pour mettre à même nos arrière-neveux de vérifier si ce climat a varié ou non, dans un avenir plus ou moins éloigné. Dans le très-modeste observatoire météorologique du Jardin des Plantes, des instruments sont placés à poste fixe, pour faire une semblable vérification, si toutefois on ne le détruit pas.

La dernière difficulté que j'ai à examiner est celle concernant les trépidations du sol résultant du passage des voitures qui nuit aux observations faites avec le bain de mercure. Or il est reconnu que ces observations ne sont possibles que depuis une heure jusqu'à trois heures du matin; si donc les astronomes demeuraient à l'Observatoire, la difficulté mise en avant serait levée. Un Membre de la Commission a dit que, si l'on n'a pas encore trouvé, jusqu'ici, le moyen d'éviter les effets de la trépidation du sol, il n'est pas dit pour cela que la chose soit impossible; je partage son opinion à cet égard.

Une autre question a été soulevée dans le sein de la Commission : est-il possible de faire de bonnes observations à l'Observatoire actuel? Un éminent astronome a répondu affirmativement, pourvu que les astronomes fussent logés, *comme ils l'étaient jadis*, et que le bâtiment où l'on observe fût agrandi s'il est possible. Cette opinion a été à la vérité contestée, mais elle doit être prise néanmoins en sérieuse considération.

Les observations que je viens de présenter m'engagent à proposer à la Commission de ne pas se prononcer encore sur la translation de l'Observatoire; de faire faire des expériences suivies dans les environs de Paris, et d'aviser aux moyens d'éviter une partie des difficultés qui entravent les observations.

Les propositions que j'ai l'honneur de présenter à la Commission sont l'expression bien arrêtée de mon opinion sur l'affaire de l'Observatoire qui est soumise à son examen; *je désire en conséquence* qu'elle demande : 1° la conservation provisoire de l'Observatoire et des terrains adjacents; 2° que si cette conservation est définitive, que l'on construise des logements pour les astronomes dans l'établissement; 3° la construction d'une annexe dans un lieu qui sera ultérieurement désigné pour y faire les observations qui ne sont pas possibles à Paris, ainsi que celle d'un observatoire météorologique dans les terrains dépendants de l'établissement actuel; 4° l'agrandissement des bâtiments où l'on observe aujourd'hui.

INSTITUT IMPÉRIAL DE FRANCE.

ACADÉMIE DES SCIENCES.

COMMISSION DE L'OBSERVATOIRE.

PIÈCE N° 10, SÉANCE DU 11 JUILLET 1868.

NOTE DE M. LŒWY
SUR LES OBSERVATOIRES ÉTRANGERS.

Nous avons l'honneur de mettre sous les yeux de Son Exc. le Ministre de l'Instruction publique le résumé de la situation des observatoires d'Allemagne, d'Amérique du Nord, d'Angleterre et de Russie.

Nous devons remarquer que nous n'avons pu nous procurer des détails que sur la situation des principaux observatoires, mais la liste des instruments employés dans les divers établissements est beaucoup plus complète.

Parmi les principaux observatoires il n'en est que trois qui soient placés dans des conditions peu favorables, Berlin, Paris et Washington. Mais pour Berlin et Washington cette mauvaise position s'explique par la destination primitive de ces établissements. L'établissement de Berlin devant être aussi bien une École d'Astronomie pratique qu'un observatoire, il a dû être placé à une des extrémités de la ville. Washington devait contenir simplement des cartes destinées à la marine. Nous ignorons si les mêmes raisons qu'autrefois empêchent l'observatoire de Berlin d'être éloigné de la ville, toutefois il n'en est pas de même pour Washington. La question du transfert a été souvent agitée et sera sans nul doute résolue favorablement. L'histoire du transfert de l'observatoire de Saint-Pétersbourg à Pulkova présente un intérêt tout particulier.

Nous ajoutons aux détails que nous avons pu nous procurer sur la situa-

B.

tion des observatoires des divers pays, quelques mots sur les ressources dont ils disposent.

L'Allemagne possède quatorze observatoires d'État et quelques observatoires privés. L'Angleterre possède onze observatoires publics et un grand nombre d'observatoires privés fondés et entrenus par des particuliers souvent avec un luxe de ressources que n'atteignent pas les établissements officiels. Pour se faire une idée des sacrifices faits en Angleterre pour la Science astronomique, il suffira de se rappeler qu'en 1860 les établissements de Greenwich, d'Édimbourg et du Cap figurent au budget pour une somme d'environ 10 000 livres sterling (250 000 francs).

Le nombre d'observatoires existant dans les États-Unis s'élève à trente, tant publics que privés.

La France, il faut donc le dire, est dans une position bien inférieure à celle des autres nations. Elle ne possède qu'un grand observatoire et sa succursale, limité dans ses ressources, situé peu favorablement. Il faudrait du moins que cet unique établissement fût au niveau des premiers observatoires étrangers.

AMÉRIQUE.

Le bon sens pratique des Américains leur a bientôt appris que non-seulement la gloire, mais aussi la force et le bien-être d'une nation se trouvaient intimement liés au développement de ses établissements scientifiques. Les citoyens éclairés d'Amérique ont compris que, pour exécuter de grandes œuvres, il fallait mettre à la disposition des intelligences des moyens suffisants de travail, qui leur manquent souvent. Aussi voyons-nous dans l'espace de vingt années, et pour ne parler que des établissements astronomiques, surgir aux États-Unis environ vingt-cinq observatoires, tant officiels que privés, dotés d'excellents instruments et disposant de grandes ressources pécuniaires. L'Amérique est arrivée, grâce à ses sacrifices et à son activité, à se placer d'un coup au premier rang des nations scientifiques qui avaient établi leur glorieuse réputation par des siècles de recherches.

Non-seulement, par son exemple, l'Amérique invite les autres nations à ne reculer devant aucun sacrifice, quand il s'agit de ses intérêts scientifiques, mais encore ses établissements, construits pour la plupart dans les meilleures conditions, imposent aux autres pays l'obligation de rechercher des conditions également favorables au travail.

Les quinze observatoires publics sont les suivants : Albany, Amherts, Ann-Arbor, Cambridge (Havard College), Cincinnati, Clinton (Hamilton College), Darmouth, Georgetown, Hudson, Philadelphia (High Scool), Shelbyville, Tuscaloose (Alabama), Washington, West-Point et Williamstown.

Il y a un nombre aussi considérable d'observatoires privés.

Les principaux instruments des observatoires publics sont les suivants :

Albany.

1. Un grand Équatorial. L'objectif a 13 pouces et une distance focale de 15 pieds.
2. Un grand Cercle méridien. L'objectif a 8 pouces d'ouverture et une distance focale de 10 pieds. L'instrument est construit par MM. Pistor et Martins.
3. Un Instrument de passage dont l'objectif a 7 pouces d'ouverture. Le constructeur est M. Pistor, à Berlin.
4. Un Chercheur de comètes.

Ann-Arbor.

1. Un grand Équatorial dont l'objectif a $12\frac{1}{2}$ pouces d'ouverture et une distance focale de 17 pieds.
2. Un Cercle méridien de MM. Pistor et Martins, à Berlin. L'objectif a une distance focale de 8 pieds.

Cambridge.

1. Un grand Équatorial. L'objectif a 15 pouces d'ouverture avec une distance focale de $22\frac{1}{2}$ pieds. C'est une des plus grandes Lunettes existantes. Le prix de cet instrument s'élève à peu près à 90 000 francs.
2. Un Cercle méridien dont l'objectif a $4\frac{1}{8}$ pouces d'ouverture.
3. Un Équatorial dont l'objectif possède 4 pouces d'ouverture.
4. Un excellent Chercheur de comètes, à l'aide duquel M. Bond fils a découvert 11 comètes.

Cincinnati.

1. Un grand Équatorial. L'objectif possède 12 pouces d'ouverture, et sa distance focale est de 17 pieds. L'instrument a été construit par M. Merz, à Munich.
2. Un Instrument de passage.

Clinton.

1. Un grand Équatorial dont l'objectif a $13\frac{1}{2}$ pouces d'ouverture et une distance focale de 16 pieds.
2. Un Cercle méridien.

Darmouth.

1. Un Équatorial fait par M. Merz, à Munich. L'objectif a 6 pouces d'ouverture.
2. Un Cercle méridien.
3. Un Chercheur de comètes.

Georgetown.

1. Un Équatorial.
2. Un Instrument de passage et un Cercle mural.

Philadelphia.

1. Un Équatorial construit par Merz, à Munich. L'objectif a 6 pouces d'ouverture.
2. Un Cercle méridien et un Chercheur de comètes.

Tuscaloose.

1. Un Équatorial construit par M. Simms, à Londres. L'objectif a 8 pouces d'ouverture.
2. Un Instrument de passage et un Cercle mural.

Washington.

1. Un Équatorial dont la Lunette a 15 pieds de longueur. L'instrument est construit par M. Merz, à Munich.
2. Un Cercle mural fait à Munich par M. Ertel. L'objectif à $4\frac{1}{2}$ pouces d'ouverture.
3. Un nouveau grand Cercle méridien dont l'objectif possède 7 à 8 pouces d'ouverture.
4. Un Instrument de passage construit par MM. Pistor et Martins, à Berlin. L'objectif a 5 pouces d'ouverture.
5. Un Cercle réfracteur dont l'objectif a 7 pouces d'ouverture. L'instrument a été construit par M. Ertel, à Munich.
6. Un Chercheur de comètes.

West-Point.

1. Un grand Équatorial. L'objectif a 10 pouces d'ouverture, la distance focale est de 14 pieds.
2. Un Équatorial dont l'objectif possède 6 pouces d'ouverture.
3. Un Cercle mural dont l'objectif a $5\frac{1}{4}$ pouces, et un Instrument de passage dont l'objectif a 4 pouces d'ouverture.

Williamstown.

1. Un Télescope de Herschel dont la distance focale est de 10 pieds.
2. Un Équatorial dont l'objectif a 7 pouces d'ouverture.
3. Un Instrument de passage.

Observatoires privés.

Il serait inutile de décrire en détail les observatoires privés d'Amérique. Comme ceux d'Angleterre, leur position varie avec les circonstances dans lesquelles se trouve leur propriétaire. Mais, en général, ils sont pourvus de ressources considérables, et, s'ils n'ont quelquefois qu'un seul instrument, celui-ci résume tous les progrès de l'art du constructeur. C'est à l'observatoire de Chicago que se trouve la plus grande Lunette actuellement existante, dont l'objectif a une ouverture de 18 pouces, et qui a permis à M. Clarke de découvrir le compagnon de Sirius.

Situation des principaux observatoires publics des États-Unis.

WASHINGTON, CAMBRIDGE, ALBANY, CINCINNATI ET CLINTON.

Washington.

Dans l'année 1831 un dépôt de cartes et d'instruments devant servir aux besoins de la Marine fut établi dans une petite maison, près du Capitole, à Washington. Un petit Cercle méridien servait à déterminer l'heure et à vérifier les chronomètres. A partir de 1842 cet établissement reçut un développement considérable; on y construisit de vastes bâtiments pour y installer des instruments puissants. Dès cette époque, des travaux importants furent exécutés. Mais, n'étant pas primitivement destiné aux recherches délicates de l'Astronomie, il ne pouvait pas être tenu compte des rigoureuses exigences de la Science. L'observatoire se trouve donc dans des conditions peu favorables. Aussi la question de transfert a déjà été agitée à plusieurs reprises. Nous devons dire que, si elle n'a pas reçu une solution définitive, on ne peut douter que dans un avenir peu éloigné, elle ne soit favorablement tranchée.

Cambridge.

L'observatoire fut primitivement établi dans la petite ville de Cambridge. Après quelques années d'une activité fructueuse, les travaux des astronomes ayant été justement appréciés par leurs concitoyens, il fut décidé qu'un nouveau grand observatoire serait fondé. Une souscription vint en aide aux efforts généreux de l'Université, et dernièrement une dotation de 100 000 francs, faite par M. Philipps, vient d'augmenter encore les ressources de l'observatoire.

La première question résolue fut le transfert de l'observatoire, et l'on décida que ce serait en dehors de la ville, bien qu'elle soit peu populeuse, sur une petite colline, que serait construit le nouvel Établissement.

Le nouvel observatoire possède une des plus puissantes Lunettes du monde, avec laquelle M. Bond a découvert le huitième satellite de Saturne.

Albany.

L'observatoire de Dudley est un des plus riches et des plus considérables des États-Unis. Il se trouve placé en dehors de la ville, dans une position excellente. Les instruments sont nombreux et puissants.

Cincinnati.

L'observatoire de Cincinnati se trouve établi sur la colline la plus élevée à l'est de la ville dans un emplacement très-favorable aux observations.

Clinton

L'observatoire, à côté du petit village de Hamilton (3000 habitants), se trouve dans une très-bonne position.

J'ai pu me procurer aussi des renseignements sur l'emplacement de plusieurs autres observatoires des États-Unis.

Les observatoires de West-Point (petit village), Williamstown (petit village), Charon (petite ville), Amherst (petite ville de 3 000 habitants), Shelby (petite ville) et Hudson se trouvent placés favorablement.

L'observatoire de Philadelphia se trouve situé dans la ville.

L'observatoire de Georgetown, dans la ville et près du Potomac, se trouve dans une situation qui laisse à désirer.

ALLEMAGNE.

L'Allemagne compte quatorze observatoires d'État et plusieurs observatoires privés.

Les observatoires officiels sont les suivants : Altona, Berlin, Bonn, Breslau, Dantzig, Gotha, Gœttingue, Hambourg, Kœnigsberg, Leipzig, Mannheim, Marbourg, Munich et Munster.

Environ vingt-cinq astronomes observateurs se trouvent attachés à ces divers établissements publics.

La seule énumération des travaux considérables exécutés dans ces divers établissements nous entraînerait trop loin. Aussi l'Allemagne est-elle devenue l'école à laquelle les astronomes de tous les pays, sauf peut-être de France et d'Angleterre, viennent apprendre l'art difficile de l'observation astronomique. Cette influence morale, qui est une des gloires de l'Allemagne, est due non-seulement au talent de ses astronomes, mais bien aussi au concours efficace que les gouvernements ne lui ont jamais refusé.

Les ressources de ces divers établissements sont nombreuses, les instruments les plus importants qu'ils renferment sont les suivants.

Altona.

Cercle méridien de Reichenbach, la lunette est de 5 pieds.

Équatorial construit par Repsold, servant à des déterminations absolues.

Berlin.

Cercle méridien nouveau construit pas MM. Pistor et Martins; l'objectif a 7 ½ pouces d'ouverture et une distance focale de 8 pieds.

Cercle méridien de Pistor, la lunette a 5 pieds de longueur.

Équatorial de Frauenhofer, la lunette a 14 pieds de longueur.

Un très-grand nombre d'instruments divers.

Bonn.

Cercle méridien de Pistor, la lunette a 5 ½ pieds de longueur.
Héliomètre de Merz, la lunette possède 8 pieds de longueur.
Instrument de passage fait par M. Ertel; la lunette à 5 pieds de longueur.

Gotha.

Cercle méridien d'Ertel.
Équatorial de Repsold, servant pour les déterminations absolues; la lunette à 6 pieds de longueur.
Instrument de passage de Dalond.

Gœttingue.

Cercle méridien de Reichenbach, la lunette a 5 pieds de longueur.
Cercle méridien de Repsold et un Équatorial.

Hambourg.

Cercle méridien de Repsold, la lunette est de 5 pieds de longueur.
Équatorial de 12 pieds de longueur.

Kœnigsberg.

Cercle méridien de Reichenbach et un Cercle méridien de Repsold.
Héliomètre de Frauenhofer, la lunette possède 8 pieds de longueur.

Leipzig.

Cercle méridien de 7 pieds de longueur.
Équatorial de Merz, la lunette a 12 pieds de longueur.

Mannheim.

Équatorial de Steinheil, la lunette a 10 pieds de longueur.

Munich.

Cercle méridien de Reichenbach de 6 pieds de longueur.
Équatorial de Frauenhofer de 18 pieds de longueur.

Situation des principaux observatoires d'Allemagne.

BERLIN, LEIPZIG, MUNICH, KŒNIGSBERG, BONN ET GOTHA.

Berlin.

Le nouvel observatoire se trouve établi dans l'intérieur de la ville, près du côté sud de son enceinte. Cet établissement devait non-seulement servir à l'observation astronomique, mais encore être une école d'Astronomie pour les étudiants de Berlin. Encke, son premier Directeur, ne trouvant dans le voisinage immédiat de la ville aucun emplacement convenable, dut choisir l'emplacement actuel, bien qu'il ne remplît pas toutes les conditions exigées par la science.

Leipzig.

Le nouvel observatoire, construit en 1860, est placé en dehors de la ville, dans une localité nommée la vallée de *Johannis*. Il est complétement isolé et sa situation est très-bonne.

Munich.

L'observatoire de Munich, hors de la ville, près du village de Bogenhausen, est établi, dans une excellente position, sur une petite colline.

Kœnigsberg.

L'observatoire de Kœnigsberg, construit par l'illustre Bessel en l'année 1811, est situé en dehors de la ville, du côté sud-ouest, dans le voisinage des anciens boulevards.

Bonn et Gotha.

Les observatoires de Bonn et Gotha sont également suffisamment éloignés des villes pour ne pas avoir à redouter leur pernicieuse influence.

PARIS. — IMPRIMERIE DE GAUTHIER-VILLARS, SUCCESSEUR DE MALLET-BACHELIER,
Rue de Seine-Saint-Germain, 10, près l'Institut.

INSTITUT IMPÉRIAL DE FRANCE.

ACADÉMIE DES SCIENCES.

COMMISSION DE L'OBSERVATOIRE.

PIÈCE N° 11, SÉANCE DU 11 JUILLET 1868.

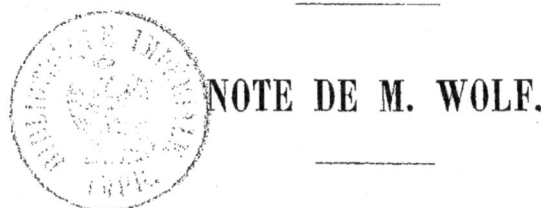

NOTE DE M. WOLF.

OBSERVATOIRES DE LA GRANDE-BRETAGNE ET DE L'IRLANDE.

L'Angleterre, l'Écosse et l'Irlande possèdent onze observatoires publics et un grand nombre d'observatoires privés. De plus, il en existe dans presque toutes les colonies, au Cap, à Sainte-Hélène, dans l'Hindoustan et en Australie.

1° *Observatoires publics.*

- Greenwich.

L'observatoire de Greenwich fut fondé en 1675 par Charles II, sur les instances de Flamsteed, de sir Jonas Moore et de sir Christopher Wren; ce dernier en fournit les plans. Il est situé sur la colline et au milieu du parc royal de Greenwich, à sept milles à l'est de Londres et sur les bords de la Tamise. La superficie des terrains qu'il occupe était d'un hectare en 1847; elle est aujourd'hui presque doublée (1).

La somme allouée au budget de 1860-61 était de 5 147 livres, non compris les frais d'impression et de bureau.

---

(1) Greenwich est le seul des observatoires anglais où les astronomes ne soient pas logés. Ils reçoivent une indemnité de logement.

Les principaux instruments que possède cet observatoire sont :

1° Un Cercle méridien avec lunette de 8 pouces d'ouverture (1851);

2° Un grand Équatorial dont l'objectif, de Merz, a 12 pouces français d'ouverture (1860); l'établissement de cet instrument a coûté plus de 10 000 livres;

3° Un grand instrument Altazimutal pour les observations extra-méridiennes de la Lune (1844);

4° Un Tube zénithal pour les observations par réflexion (1851).

Greenwich comprend en outre un établissement complet d'observations magnétiques.

Édimbourg.

Les premiers fondements de l'observatoire d'Édimbourg furent posés en 1776 sur la colline de Calton, située dans le quartier nord-est de la ville, à une altitude de 349 pieds au-dessus du niveau moyen de la mer dans le golfe de Forth. Mais ce premier établissement resta inoccupé. En 1818, un nouvel observatoire fut érigé aux frais d'une société astronomique, à côté du premier, dont on fit un observatoire populaire et un cabinet de physique. Mais les frais de la société ne lui permettant pas d'utiliser sa construction et ses instruments, elle en céda l'usage au Gouvernement en 1834, puis la propriété entière en 1846. Le directeur porte, comme celui de Greenwich, le titre d'astronome royal.

Les établissements de Greenwich, d'Édimbourg et du Cap figurent au budget (1860) pour une somme d'environ 10 000 livres. La Société royale reçoit en outre 1 000 livres pour la publication des documents astronomiques.

Dublin.

L'observatoire de Dublin, fondé en 1774, est situé à quatre milles de cette ville, près de Dunsink, sur une colline dont la hauteur au-dessus du niveau de la mer est de 63 mètres. L'enclos comprend plus de 12 hectares.

Sous la direction du mathématicien Hamilton, les observations y furent presque complétement abandonnées. Le Directeur actuel est M. Brünnow.

Armagh.

L'observatoire d'Armagh est bâti sur une colline, au nord-est de la ville. Il a été fondé en 1793 par Robinson, primat d'Irlande. Cet établissement a été surtout illustré par la publication d'un Catalogue de 5 345 Étoiles, due à son directeur, T.-R. Robinson.

Cambridge.

L'observatoire de Cambridge est le second d'Angleterre après Greenwich. Il a été bâti par l'Université, en 1820, à quelque distance de la ville, sur un terrain clos d'environ 3 hectares. Il se compose d'un bâtiment central, qui forme l'observatoire proprement dit, et de deux ailes pour les habitations du directeur et des assistants. Les dépenses de premier établissement se sont élevées à plus de 20 000 livres.

Les principaux instruments sont :

1° Une Lunette méridienne de Dollond [5 pouces] (1824);

2° Un Cercle mural de Troughton et Simms [diamètre du Cercle, 8 pieds; ouverture de l'objectif, $4\frac{1}{2}$ pouces] (1832);

3° Un grand Équatorial de $19\frac{1}{3}$ pieds; l'objectif de Cauchoix a $11\frac{1}{2}$ pouces (1838).

Durham.

L'observatoire de Durham, bâti en 1841, est placé sous la direction de l'Université. Son altitude est de 350 pieds au-dessus du niveau de la mer, 142 pieds au-dessus du sol de la cathédrale.

La principale occupation de l'astronome est aujourd'hui l'observation des petites Planètes et des Comètes.

Glascow.

Érigé de 1836 à 1840, par des souscriptions et des subsides fournis par l'Université et par le Gouvernement, cet observatoire est situé sur une hauteur, au sud du Jardin botanique, à une distance d'environ 3 milles du centre de la ville. Il possède un Cercle méridien d'Ertel, un Télescope monté parallactiquement et un Équatorial de 9 pouces. Un des premiers parmi les observatoires anglais, il a établi un système télégraphique pour synchroniser avec sa pendule de temps moyen les principales horloges de la ville. Le Directeur actuel est le Dr Grant.

Liverpool.

L'observatoire de Liverpool a surtout pour but de donner le temps exact au port de la métropole commerciale de l'Angleterre, et de comparer les chronomètres de la marine marchande. Il possède cependant un Équatorial de 8 pouces, à l'aide duquel on fait de nombreuses observations des petites Planètes.

Oxford.

L'observatoire d'Oxford est célèbre sous le nom de Radcliff, son fondateur. Il occupe un terrain de plus de 4 hectares. Il a été bâti de 1772 à 1795, et a coûté plus de 700 000 francs.

Son directeur le plus illustre fut Johnson, auquel on doit le grand Catalogue dit de Radcliff, publié en 1860.

Les principaux instruments sont :
1° Une Lunette méridienne de Simms (1843);
2° Un magnifique Héliomètre de Merz, de $7\frac{1}{2}$ pouces d'ouverture (1849);
3° Et un Cercle méridien provenant de l'observatoire de M. Carrington à Redhill (5 pouces d'ouverture).

Portsmouth.

Observatoire principalement affecté au service de la marine. On y fait aussi des observations des Comètes et des petites Planètes.

Kew.

Il faut compter aussi parmi les observatoires publics celui de Kew, où se poursuit particulièrement l'observation photographique des taches solaires. Cet établissement reçoit annuellement 15 000 francs de l'Association Britannique pour l'avancement des sciences.

2° *Observatoires des Colonies.*

Le Cap.

L'observatoire du Cap fut établi par Fallows, de 1824 à 1827, sur une petite éminence, au confluent du Liesbeek et du Salt-River. Il ne possédait originairement qu'un Instrument des passages et un Cercle mural, à l'aide desquels Henderson, successeur de Fallows, a exécuté les observations qui lui ont servi à construire son Catalogue. Je ne sais si cet établissement s'est enrichi depuis.

C'est au Cap que John Herschel transporta, en 1834, un télescope de vingt pieds de foyer, et fit ses belles observations sur les nébuleuses, les étoiles doubles et variables, la comète de Halley, le dénombrement des étoiles, etc. Il établit son instrument à Feldhausen, petite ferme à six milles de Cap Town, au pied du mont de la Table

Sainte-Hélène, Madras, Bénarès.

La Compagnie des Indes avait établi des observatoires à Sainte-Hélène (1830), à Madras, à Bénarès. Ils appartiennent aujourd'hui au Gouvernement.

C'est à Sainte-Hélène que Johnson, devenu Directeur de l'observatoire de Radcliff (1839), fit son Catalogue de 606 étoiles. A Madras, Taylor observa et réduisit en Catalogue 11015 étoiles. Les astronomes anglais sont aujourd'hui particulièrement occupés de la triangulation de l'Hindoustan.

Le Rajah de Trevandrum avait établi un bel observatoire au cap Comorin.

Sydney, Melbourne.

L'Australie anglaise a aussi ses observatoires de Sydney et de Melbourne. L'observatoire de Paramatta est connu surtout par les observations de Brisbane et de Rümker, faites de 1822 à 1828, et qui ont fourni les éléments d'un Catalogue de 7385 étoiles. L'observatoire de Melbourne possède aujourd'hui un grand télescope d'un mètre d'ouverture, avec tous les accessoires nécessaires pour les observations spectrales.

3° *Observatoires particuliers.*

L'astronomie en Angleterre a dû principalement ses découvertes les plus brillantes aux observatoires fondés et entretenus par des particuliers, souvent avec un luxe de ressources que n'atteignent pas les établissements publics dans les autres pays.

Parmi ces observatoires, plusieurs très-célèbres ont disparu : tels sont l'observatoire des deux Herschel à Slough, celui de Groombridge à Blackheath, de Lord Wrotesley à Blackheath, puis à Wrotesley-Hall, celui de South à Kensington, de l'Amiral Smyth à Bedford, etc.

M. Hind dirige aujourd'hui l'observatoire de M. Bishop, primitivement situé dans la villa de Regent's Park, transporté depuis à Twickenham.

L'observatoire d'Hartwell, fondé par le Dr Lee, a été illustré par l'Amiral Smyth et le Rév. Pogson.

M. Carrington, à son observatoire de Redhill, observa et publia son Catalogue de 3735 étoiles comprises entre le pôle et le 87e degré de déclinaison boréale. C'est là aussi qu'il a commencé ses études sur les taches solaires, études qui se poursuivent aujourd'hui à Kew.

L'observatoire de M. Cooper, à Markree, sur la côte nord-ouest de l'Irlande, possède un magnifique Équatorial de 14 pouces d'ouverture et un beau Cercle méridien, qui a servi à l'observation d'un Catalogue de 60 066 étoiles voisines de l'écliptique, publié par la Société Royale.

Lord Rosse a établi à son château de Birr-Castle, au centre de l'Irlande, le plus grand Télescope actuellement existant : il a 6 pieds de diamètre et 60 pieds de longueur focale. On connaît ses belles observations sur les nébuleuses.

M. Lassell a marché sur les traces de lord Rosse, et construit un Télescope de 4 pieds d'ouverture, avec lequel il a observé successivement à Starfield près Liverpool, à Bradstone, puis à Malte.

Citons enfin l'observatoire photographique de Cranford établi par M. Warren de la Rue en 1857, et celui de Talse-Hill, où M. Huggins et M. Miller ont fait leurs belles observations sur les spectres des nébuleuses.

Tous ces observatoires sont dans la campagne ou près de très-petites villes.

OBSERVATOIRES DE RUSSIE.

La Russie est presque aussi riche en observatoires que la Grande-Bretagne. Non contente de ses utiles et célèbres établissements de Dorpat, Abo, Helsingfors, Kiev, Mitau, Kazan, Moscou, Vilna, Varsovie, Nicolaïew, elle a voulu que Saint-Pétersbourg eût un véritable monument astronomique, et et elle a érigé l'observatoire modèle placé sur la colline de Poulkova.

Poulkova.

Lorsqu'on étudie l'histoire de l'observatoire de Saint-Pétersbourg écrite par W. Struve, on ne peut méconnaître l'analogie frappante de cette histoire avec celle de l'observatoire de Paris. De part et d'autre, même plan primitif de construction ; puis mêmes difficultés pour l'établissement des instruments de précision, mêmes inconvénients extérieurs qui se multiplient à mesure que la science se perfectionne et que la ville s'accroît ; de part et d'autre, même éloignement des astronomes sérieux à travailler dans un local si peu approprié aux besoins de l'astronomie. Mais la Russie a su, dès 1830, sortir d'un état dans lequel nous restons encore engagés.

Pierre le Grand avait fondé en 1725 l'observatoire de Saint-Pétersbourg, tour massive en briques au centre de l'hôtel de l'Académie. Cet observatoire fut regardé alors comme un des plus magnifiques de l'Europe (LALANDE,

Astronomie, préf., p. XLIV). Détruit en 1747 par un incendie, il était déjà restauré l'année suivante. Mais dès cette époque, les inconvénients de la grande élévation des bâtiments, de leur situation au centre d'un quartier populeux et fréquenté par de nombreux équipages, dans une atmosphère troublée par les vapeurs et la fumée, faisaient désirer au Directeur Grischow le transport de l'observatoire hors de la ville. Aussi en Russie, comme en France à la même époque, les travaux des astronomes s'exécutèrent surtout en dehors de l'observatoire, et leur principale activité se tourna vers les entreprises géodésiques.

Enfin, en 1827, l'Académie put s'occuper sérieusement des plans d'un nouvel observatoire, et en 1830, sur les prières de W. Struve, Directeur de l'observatoire de Dorpat, le czar Nicolas choisit la colline de Poulkova, située au midi de la ville et à une distance de 17 verstes (18 kilomètres) de son enceinte, pour emplacement du nouvel établissement.

L'étendue du terrain occupé est d'environ 21 dessiatines (plus de 23 hectares). La somme effectivement dépensée dans la fondation de cet établissement a été de 600 000 roubles d'argent, non compris la valeur du terrain. Le budget annuel en 1838 était de 62 200 roubles.

Le principal objet des travaux de Poulkova est l'Astronomie stellaire. Aussi cet observatoire possède-t-il les instruments modèles pour la détermination des fondamentales. Ce sont :

1° Une Lunette méridienne d'Ertel, de $5^p,85$ d'ouverture ;
2° Un Cercle vertical d'Ertel, avec lunette de $5^p,90$ d'ouverture ;
3° Un Cercle méridien de Repsold, de $5^p,81$;
4° Un Instrument des passages de Repsold dans le premier vertical ($6^p,25$).

Les observations des étoiles doubles, des nébuleuses, des comètes se font à la grande Lunette équatoriale de Merz et Mahler, dont l'objectif a une ouverture libre de 15 pouces. Cet instrument n'est surpassé en puissance que par les équatoriaux américains.

Poulkova possède encore un grand Héliomètre de Merz ($7^p,40$ d'ouverture) et un grand nombre de petits instruments transportables pour l'éducation des élèves de l'observatoire, de la marine et des corps d'état-major.

Il ne faut pas oublier de noter que l'on a établi à Poulkova un atelier de construction, d'où sont sortis beaucoup d'instruments célèbres. Si cette adjonction sur d'aussi larges bases n'est pas indispensable dans tout observatoire, du moins est-il absolument nécessaire qu'un mécanicien y soit établi à demeure pour l'entretien et les petites réparations des instruments. C'est le seul moyen d'en assurer la conservation et le bon emploi.

Dorpat.

W. Struve eut la rare fortune de présider à la construction des deux premiers observatoires de la Russie, Dorpat et Poulkova.

L'Université de Dorpat doit à la munificence du czar Alexandre, son bel observatoire qui a servi de modèle à celui de Poulkova. Il s'élève sur une colline au sud et au dehors de la ville. De sa construction (1812) jusqu'à 1821, il ne pouvait encore, dit W. Struve, être considéré comme parfait : « Cum in usum observatoris ædes desint, cum ipsa specula conjunctæ, » quibus deficientibus, nullo modo series continua observationum fieri » potest, cum Astronomum inter ipsa instrumenta domicilium habere » oporteat, ità ut, sine ullo temporis defectu et virium et sanitatis, quo- » tiescumque cœlum serenum vocet, et corpus parco somno contentum » valeat, ad cœlum contemplandum accedere possit. »

Cette lacune fut comblée en 1821, et en annonçant cet heureux événement, Struve ne peut s'empêcher d'ajouter : « Major certe esset observatio- » num (anteriorum) numerus, earumque ad finem propositum melior dis- » positio, nisi magno impedimento fuisset domicilium meum 700 passus » abesse a specula in colle jacenti. »

L'observatoire de Dorpat possédait alors une belle Lunette méridienne et quelques autres instruments moins parfaits. Il s'est enrichi, en 1825, d'un grand Réfracteur monté parallactiquement, chef-d'œuvre de Fraunhofer. C'est à l'aide de cet instrument que Struve commença ses recherches sur les étoiles doubles, continuées à Poulkova. Mœdler succéda en 1839 à Struve comme Directeur de l'observatoire.

Je n'ai pu me procurer aucun renseignement sur la position des autres observatoires de Russie.

www.ingramcontent.com/pod-product-compliance
Lightning Source LLC
Chambersburg PA
CBHW052301220526
45471CB00001B/445